相手を完全に信じ込ませる

禁断の心理話術

エニアプロファイル

一般社団法人日本マインドリーディング協会 理事
岸 正龍
Seiryu Kishi

フォレスト出版

この本を手に取っていただき、ありがとうございます。

あなたが、エニアグラムをあまり知らないのであれば、

また胡散《うさん》臭い本が出てきたな……

と、冷めた目で見ていますよね？

あなたが、エニアグラムをよく知っているのであれば、

なんてことを本にしているんだ!!

と、怒り心頭に発していると思います。

はじめに　この本を読むのなら、覚悟してください！

胡散臭いことは認めます。

そもそも「人を操る系」は、タイトルと煽《あお》り文句ばかりがたいそうで、中身はどこかで見たことのある話ばかりという場合が多いですし、この本にしても「相手を完全に信じ込ませる」などと大上段に構えているので、いかがわしさはぬぐい切れないと自覚しています。

しかし、申し訳ありません。

エニアプロファイルは、相手を完全に信用させます。

よくある細切れのテクニックではなく、系統立てられた1本の筋が通ったスキルとして、相手の心の底に潜っていき、相手を刺激し、最後には相手を完全に信用させてしまうのです。

なぜそんなことが可能なのか？

エニアグラムを深く学ばれたことがある方なら、理由はお分かりでしょう。

エニアグラムが、驚くべき正確さで、人の心の中を教えてくれるからです。

目の前の相手の心の中が隅から隅まで分かっていれば、完全に信用させることも不可能ではないと思いませんか？


それゆえエニアグラムは、他人への使用を固く禁止しています。

分析が正鵠《せいこく》を射すぎているため、他人に使うと効きすぎて危険だからです。

今回、私は、その禁を破りました。

エニアプロファイルは、相手を心理誘導することを目的として、エニアグラムをベースに開発した禁断の心理話術。

エニアグラムを愛する方にとって、許せない内容であることは理解しています。

非難を受けて当然ですし、ひと言の反論もありません。


しかし、私はそれでもエニアプロファイルを公開したかったのです。

なぜなら、私がエニアプロファイルによって救われたからです。

この日本には、エニアプロファイルを必要とする人がたくさんいます。

・営業成績を上げたい。
・お客様との信頼関係を強固にしたい。
・経営者やチームリーダーとして、良い組織を作りたい。
・会社の同僚、上司、部下と円滑《えんかつ》な人間関係を築きたい。
・好きな異性の心をつかみ、素敵な恋をしたい。
・恋人や愛する伴侶《はんりょ》と、さらに親密な関係になりたい。
・コミュニケーションに対する苦手意識をなくしたい。
・セラピストやカウンセラー、コーチとしてより良い指導をしたい。
……などなど。


どんな立場でも職業でも、「目の前の相手」と会話をする状況にある限り、エニアプロファイルは効果を発揮します。相手を完全に信じ込ませ、望んでいる方向に誘導することが可能です。

それだけではありません。

エニアプロファイルを正しく使えば、相手にも幸せを届けることができます。自分も相手もハッピーにすることができるのです。

しかし、よく効く薬には副作用があります。

エニアプロファイルをしっかりと学ばず、中途半端に使うと痛い目にあいます。

使い方を間違えると、人間関係を根底から破壊してしまうこともあるでしょう。


さぁ、あなたはどうしますか？

浮ついた気持ちでこの本を手に取ってしまったのなら、いますぐ元の場所に戻し、今と変わらない生活を続けてください。

あなたが、より豊かな毎日を目指し、しっかりと学ぶ意志がある場合だけ、覚悟を決めて先のページに進んでください。


覚悟は決まりましたか？

では、エニアプロファイルの扉を開いてください！

ここからは、私が運営するサイト、「博士と助手の心理ラボ」で活躍している２人が、あなたをエニアプロファイルの旅へとご案内いたします。

「心の底に入り込むなんて禁じ手です！」

ある街のある場所にある、心理誘導研究所。
「思いついたら即実行」が身上の博士と、「なにごとも準備が大切」がログセの助手、２人だけの研究所だが、「人の心を操る技術」においては世界有数の知見を誇っている。

今日も研究所では、心理指導に関して最先端の研究がされている。

おっ！　博士がインターホンで助手を呼んでいるぞ！


「助手君、助手君、どこにおる？　すぐさま来てくれんか？」

「すみません、いまトイレの掃除中ですので、ちょっとだけお待ちください」

「そんなもの途中でやめていいから、すぐに来なさい！」

「（またなんか思いついちゃったか、仕方ないなぁ）では水だけ流して」

「水などいいから、いますぐ来なさい！」

「水だけは流さないとあとが大変なので!!　少々お待ちください!!!」

「な、な、な、なにもそんなに大きな声を出さんでもよかろう。そんなケンカ腰ではウンが流れてしまうでは……」


ジャーーーー。

水を流す音。

その1分後、助手が博士の部屋に入って来る。

「お待たせしました」

「おお助手君、やっと来たか。聞いてくれ。すごい発見をしたのじゃ！」

「昨日お伺いしたのとは違うヤツですか？」

「昨日？　はて、なにか話したかの？」

「はい。チンパンジーの権力闘争から発見されたという、道ならぬ恋の想いの遂げ方をお聞きしました」

「ふむ、あれは大発見じゃった。発表の準備は進めておるか？」

「いえ、裏付けの実験成果がなにもない段階では発表はできません」

「そんなもの適当に作ればよかろう」

「博士！　それは言ってはいけない言葉です。それで失敗された方をよくご存じではないですか。ここは慎重にいかせてください」

「まぁ、君がそう言うなら仕方ない。よろしく頼む」

「博士のご指示ですからやってはみますが……サル、ですよね？」

「サルじゃよ。それがどうした？」

「人の心の操作法がサルから学べるものでしょうか？」

「なっ！　なんじゃその言い方は！　サルをバカにするでない！　しょせん我々人

間など舞い上がったサルのレベルじゃ。それが証拠に、君がいまありがたがって学んでいる【マズローの人間精神心理学】、あれは元をただせばアカゲザルの生態研究じゃぞ」

「そっ、そうなんですか?」

「ほかにも、ノーベル生理学・医学賞を受賞した利根川進先生」

「私の尊敬する利根川先生!」

「その先生がセンター長を務める理研脳科学総合研究センターの視床発生研究チームが2012年、新生児の広範な脳領域において26個の遺伝子の発現様式を、コモンマーモセットを使うことで明らかにしておる」

「ごっ、拷問麻婆セット? 酷《ひど》く辛そうな感じですが」

「君、わざと間違えとるじゃろ。コモンマーモセット! この本の著者も飼っておる小型のサルじゃ」

「私の尊敬する利根川先生もサルを使って実験をしていたわけですか!」

「どうじゃ、裏付け実験を進めてくれる気になったか?」

「はい、任せてください! すぐ準備にかかります」

「これじゃ」

「はい？」

「じゃから助手君、これじゃって」

「だから博士、なにがです？」

「今日わしが君に伝えようと思っておった発見じゃ」

「よく意味が分かりません」

「君は、さっきまで裏付け実験をやる気はなかった」

「はぁ、まぁ、そうです」

「それがどうじゃ、わずか二言、三言で俄然《がぜん》やる気になった」

「たしかに。たしかにそうです！　俄然やる気になりました」

「なぜじゃと思う？」

「えー……サルの研究が精神心理学や生理学的に有効だと博士から聞き……」

「違うぞ」

「違う？」

「そう、じぇんじぇん違う。君はわしに操られたのじゃ」

「そんなはずありません。私はこれでも10年以上、博士の元で心理誘導の研究を積んでいます。その私が簡単に誘導されるとは思えません」

「ところが現に君は、わずか二言、三言で俄然やる気になった」

「それは……」

「心の底に入り込んだのじゃ」

「それなら余計に分かるはずです。心に入り込む術に関して、私は論文も発表しています」

「君の論文は【心】に入り込む術じゃろ。そんな方法なら本屋に行けばひと山いくらで叩《たた》き売られとるし、出かけるまでもなくネットで検索すればザクザク出てくるわい。そんな陳腐《ちんぷ》な知見をして、いまさらなにが発見かね」

「違うのですか?」

「じぇんじぇん違うわ! わしが使ったのは【心の底】に入り込む方法じゃ」

「【心】ではなく【心の底】?」

「そう【心の底】」

「それはいったいなんですか。博士、教えてください」

「【心の底】とは、自身でも気がついておらぬ【気質】のことじゃよ」

「自分で気がついていない【気質】が、自分の中にあると?」

「あるのじゃ。人はみな誰でも【心の底】に自分でもまったく気がついておらぬ【気質】を持っておる。そして生活の多くの場面で、その【気質】に操られておる」

「自分でも気がついていない【気質】に操られている……」

「そうじゃ、わしはそれを発見したのじゃ。そして助手君、先ほどは君の【心の底】を作為的に刺激した」

「そんな……」

「だから君は、わしの望む通りの反応をしたのじゃ」

「気がついていない【気質】を作為的に刺激し、他人を意のままに操る……」

「どうじゃ、スゴイ発見じゃろ」

「いやしかし、他人の【心の底】に入り込むなんて禁じ手です！」

「では君は知りたくないのじゃな、どうやって【心の底】に入るのか、どうやって【心の底】を刺激するのか」

「そんなの……知りたいに決まっています」

「では謝ってもらおうかの」

「謝る？」

「助手君、君はさっきなんと言った？」

「はい？」

「さっきじゃよ、さっき。私の尊敬する誰先生と、二度も言ったかの？」

「あっ……」

「あっ、じゃないわい！」

「申し訳ありません。私は、博士、あなたを世界で一番尊敬しております」

「ふむ、よかろう。では教えよう、わしが発見した他人の【心の底】へと潜る方法、

【エニアプロファイル】を！」

「【エニアプロファイル】、それが名前なのですね」

「そうじゃ。準備はよいか？」

「はい」

「では、出かけようぞ、エニアプロファイルを究める旅へ！」

この本でご紹介するエニアプロファイルは、米国エニアグラム研究所（ドン・リチャード・リソ氏&ラス・ハドソン氏）のエニアグラムをベースとしていますが、エニアグラム本来の目的からは大きく外れた「邪道な」使い方をしています。

本来のエニアグラムは「人間の調和的発達のために使われる地図」（＊注1）。エニアグラムを使って深く自分を知ることで自己成長をし、エニアグラムを使って他人を理解することで豊かな人間関係を築くことを目的としています。それに対してエニアプロファイルは、他人に対して心理誘導を試みる「邪道な」裏エニアグラムです。本書を読み終わったとき、エニアプロファイルに価値を感じてもらえたなら、ぜひ本家であるエニアグラムにも触れてみてください。あなたの人生にとってかけがえのない「地図」を手にすることになるはずですから。

＊注1　『究極の性格分析　エニアグラムで分かる「本当の自分」と「人づき合いの極意」9つの性格タイプ』（ティム・マクリーン／高岡よし子監修、マガジンハウス編集、マガジンハウス）

相手を完全に信じ込ませる
禁断の心理話術　エニアプロファイル●目次

第2章 相手を信じ込ませるエニアプロファイル 本編（1）
もっとも分かりやすい3タイプから狙う！

第3章 相手を信じ込ませるエニアプロファイル 本編（2）

この3つのタイプまで押さえれば、ファイリング完成！

第4章 エニアプロファイル実践編
相手があなたに完全に心を操られるまで！

第5章 なぜ、エニアプロファイルが禁断のスキルなのか？
劇薬すぎるからこそ、使い方には注意せよ！

序章

エニアプロファイルは悪魔のスキルか!?

◆劇薬並みの破壊力を実感した体験者たち

２０１５年７月。

名古屋・栄にあるホテルの会議室は異様な興奮に包まれていました。

各業界の営業職６名を集め、秘密裏に行われたワークショップ「エニアプロファイル・SECRET6」の成果発表が行われ、全員が自分でも驚くような結果を出していたからです。

まずはその成果を見てみましょう。

「20年セールスをやっているが、いままでの自分なら売れなかった人物３人に不思議なほど簡単に売れた。期待以上の成果があって驚いている。本当に参加してよかった」（モチベーション系プログラムのセールスで世界ナンバー2を取り、表彰されたこともある凄腕営業マンの穂苅《ほかり》万博さん）

「主要取引先様と話がこじれる可能性が高いミーティングの際に使ったら、雰囲気が悪くなるどころか逆にいい空気になり、最後には『どんどん仕事を回すからこれからも頼むよ』と言っていただけた。話がこじれたら倒産していたので、エニアプロファイルには感謝している」

（IT会社を経営する内山勉さん）

「『安いかどうかしか見てないから』と開口一番おっしゃったお客様に、エニアプロファイルを意識してお話ししたら、『見積もりを取った中ではもっとも高いけど、おたくに決めます』とご依頼いただけた。すごい破壊力だ」

（引っ越し会社の営業をしている真田大輔さん）

「1年組んで活動をしていてもまったく紹介のなかった方が、立て続けに紹介をしてくれるようになった。ほかの方でも、お客様としてだけでなく代理店としてやってみたいとお申し出いただけるなど、奇跡のようなことが起きている」

（オーダースーツを販売している髙橋晃司さん）

「いままで苦手で避けてきたタイプの人に、エニアプロファイルを使って接したら、なんだか知らないけど契約が決まってしまった」

（楽読教室を運営している木村敦さん）

「大きなクライアントを次々に紹介してくださる方に恵まれたり、その紹介された方が好意的に接してくださるなど、すべてがうまく回り始めている」
（生命保険のセールスをしている下里綾乃さん）

私がこの6名に行ったワークショップは合計15時間。

たったそれだけの時間で、20年の経験を超え、倒産の危機を救い、価格という難敵を打ち倒し、参加者全員から「エニアプロファイルは悪魔のスキル」というお褒め（？）の言葉をいただきました。

ではいったい、どのようにエニアプロファイルは生まれてきたのか……。

一気に暗くなりますが、少々私の物語におつき合いください。

いじめにあっていた子供の頃のヒーローは「浦見魔太郎」

私はいじめられていました。

背が小さく病弱で、運動もできなかった小学校低学年の頃です。

特に女子のいじめが陰惨《いんさん》を極めました。私の通っていた小学校は大きな2本の銀杏《いちょう》の木が自慢でしたが、下校時、その銀杏の木の死角になる部分に女子たちは私を縛《しば》り、くくくくく、と忍び笑いを残して帰って行きました。彼女たちの機嫌が悪いときにはパンツまで下げられて……。

やられたことない方には、分からないでしょう。

下半身をさらしたまま縛られて、悔しいのか恥ずかしいのか情けないのか哀しいのか、感情を整理することもできず、すすり泣くいじめられっ子の気持ちなど……。

『魔太郎がくる!!』（藤子不二雄A著、秋田書店）という漫画が『週刊少年チャンピオン』に登場したのは、4年生のとき。

薄気味悪い漫画だな……そう思いながらページを開いた私は凍《こお》りつきました。友愛学園に転校してきた魔太郎を、お母さんが先生にこう紹介していたからです。

「魔太郎はチビのうえに人一倍気が弱く、前の学校ではいつもお友達にいじめられてたんです」

まるで私だ！　と思いました。

毎回、多種多様ないじめられ方をする魔太郎はまるで私で、その苦しさや憎しみが手に取るように分かり、魔太郎は私の親友になりました。

いや、親友ではありませんね。私はいじめられてすすり泣くばかりだったけど、魔太郎は終盤、

「こ・の・う・ら・み・は・ら・さ・で・お・く・べ・き・か」

とつぶやき、「うらみ念法」を使って、キッチリ復讐していたからです。

カッコよかった。

花柄シャツに黒マント姿で復讐を遂げる魔太郎は私のヒーローでした。

私も魔太郎のようになりたい、そう強く思ったのです。

●——他人を意のままに操りたいという願望が湧き起こる

では現実問題として、チビで腕力がなく「うらみ念法」も使えない私が、自分をいじめるすべての人間に復讐をするとしたら、どうすればいいか？

私は考え始め、すぐに答えにたどり着きます。

「いじめてくる人間より強い人間を操って、ぶつければいい」

いつも先頭に立って私をいじめるＡ子には、Ａ子より強いＢ美をぶつける。いやむしろ、クラス一の暴れ者Ｋ男を操れれば女子全員だって敵じゃない。しかも直接手を下すのはＢ美であり、Ｋ男なわけだから、私に責が及ぶことはない。これだ、これだ、これ以上の方法はない！

折しもその頃は、ユリ・ゲラーやエスパー清田が全盛の超能力ブーム。

全国に超能力者を名乗る少年がたくさんいて、実際、私がよく遊んでもらっていた近所の先輩の従兄弟がＵＦＯを見てから不思議な力がついたという超能力者で、スプーンをぐにゃぐにゃに曲げるところを何度も見せてもらいました。

私自身もその力を分けてもらって時計の秒針を止めることができたし、鍛えれば「他人を操る力」だって持てるようになるはずだ、と信じて、スプーンを片手に必死で念じる日々が始まりました。

しかし、残念ながら。

超能力では他人を操ることができないまま、私は高校生になり、青臭い年齢に相応《ふさわ》しくウィリアム・バロウズをはじめとしたビート・ジェネレーション作家に青臭くはまりました。あとはお決りのコースです。サイケデリックに流れていって、覚醒の先にしか他人を操る力は手に入れられないと信じ、トリップ系やオカルト系を1人深く掘っていく日々が始まりました。

しかし、残念ながら。

サイケデリックの先には退廃《たいはい》しか見つけられず、私は他人を操ることができないまま大学生になり、東京で独り暮らしを始め、夏になる前には可愛い彼女ができました。

その彼女が、アメリカから海を渡ってきた自己啓発セミナーにはまったのです。はまったというか、気持ちよく洗脳されてしまい、その洗脳力の凄《すさ》まじさを見た私は、彼女を取り戻す目的半分、洗脳方法を探る目的半分でその団体に潜り込み、戦い探る日々が始まりました。

しかし、残念ながら。

悪戦苦闘の末に取り戻した彼女から別れを告げられ、それゆえセミナー手法は体得する気にならず、グダグダな感じで大学を卒業。それでも良縁を得て、目指していたコピーライターという「文章で人の心を操る」職につくことができました。

天職でした。

人の心理を突けば言葉だけでも人は動く……小学校から「他人を操る」研究をしてきた私の文章は人の心を動かし、1年がたつ頃には多くのクライアントから仕事をいただけるようになりました。デザイナーに転身してからも、「他人を操る」ことに重きを置いた私の仕事は高く評価され、私は着実に鼻を伸ばしていったのです。

しかし、残念ながら。

このあたりでバブルがはじけました。鼻を伸ばして仕事をしていた若造などひとたまりもありません。たちまち仕事がなくなり、それを契機に人間関係がこじれ、そんなすべてが嫌になり、というか、要するに挫折《ざせつ》して実家に逃げ帰りました。

実家の商売は、高額な宝飾品販売店。私の仕事はその接客販売員。

「任せとけ」と思いました。言葉で人を操る術を身につけた私なら、たとえ売るものが高額な宝石でもバンバン売れる。私は自信満々で店頭に立ちました。

しかし、残念ながら。

まったく売ることができませんでした。安価なネックレスは売ることができるものの、高額な宝石はまったく売れません。学んできたすべてをどれだけ駆使《くし》しても、まったく売れません。

なぜだか分かりませんでした、分からない自分自身に腹が立ち、絶対に売ってやるとなり振りかまわずスキルを求め、催眠術やＮＬＰやコールドリーディングやサイグラムや、同業の先生のセールスの極意から果ては波動やレイキまでやたらめったら手を出し、学び、試す日々が始まりました。

――しかし、残念ながら。

依然として売ることができなかったのです。

もう私にはどうしていいか、分かりませんでした……。

「そりゃ分からんじゃろうな」

「博士には、なぜ分からないのかが分かるのですか？」

「当然じゃ」

「博士、お願いします。その理由を教えていただけませんか？」

「なぜ知りたいのじゃ？」

「実は私もいま、たくさんの情報を入れすぎて、どれを信じていいか分からなくなっている状態で……」

「パン屋の娘さんのことかの？」

「えええええええぇぇぇ！　ど、どうしてご存じなのですか！」

「本屋から毎日のようにデートマニュアルの類《たぐ》いが届けば恋だと知れるし、3食パンしか食べておらぬのだから、おのずと相手も分かるじゃろ」

「さすが博士です。それに比べて私は……」

「なにがあった。話してみ」

「購入したマニュアルに『なくてはならない存在となるため、意中の女性の悩みを聞き、悩みに寄り添え』と書いてあったので、その通りにしたのです」

「そこで、彼女に片想いの相手がいるとか言われたか」

「えええええええぇぇぇ！　ど、どうして分かってしまうのですか！」

「女子の相談事など選択肢がしれておる」

「そうなのです。正確には前におつき合いしていた方と復縁したいので、いい知恵はないかと聞かれました。私はいったいどうしたらいいでしょうか?」

「戻す恋もどすこい!」

「はいっ? なんとおっしゃったのでしょう?」

「ダジャレも解さんとは余裕がないの。よいか、人はそれぞれ、なのじゃ」

「人はそれぞれ、とおっしゃいますと……」

「パン屋の娘は控えめに言ってふくよかじゃ。それを君は可愛いと思うか?」

「もちろんです! 彼女を見ていると癒《いや》されます」

「じゃが世の中には、力を入れると折れてしまいそうな体型を好む者もおる」

「私には理解できませんが、はい、たしかに存在します」

「ところが、マニュアルの類いは、どちらにも同じアドバイスをする」

「ええ……そうですが……それになにか問題が?」

「体型ならいいかもしれぬが、性格の場合はどうじゃ」

「性格の場合?」

「短気もいれば暢気《のんき》もいる。勝ち気もいれば控えめもいる。楽天家もいれば……」

「あっ!! そうか、そういうことか!!!」

「うぬ、気がついたか、そういうことじゃ」

他人をいとも簡単に操るスキル、ついに完成する！

迷い続けた暗闇の中で、私は「エニアグラム」という性格分析論に出会いました。

キッカケはこの本の出版社が10年前に開催した「スター誕生プロジェクト」。スター著者を目指すという6カ月にわたるそのプロジェクトの初日に、エニアグラムの講座が組み込まれていたのです。

「なぜ？」と思いました。

本を書くのにそんなの必要ありませんし、私は性格分類論が（血液型だろうが星座だろうが動物占いだろうが）大嫌い。だから講義当日は、はっきり分かるほどの不機嫌でプログラムに参加したのです。

ところが！

その私が、一発でエニアグラムに惚《ほ》れてしまいました。

講義が終わる頃には、「神様、ありがとう。エニアグラムと会わせてくれて」とスターリング・ノース（注：『あらいぐまラスカル』の主人公、ラスカルの飼い主）も顔負けの感謝をし、従順なる研究の徒となることを決めていたくらいのベタ惚れです。

答えが見つかったから。

なぜ、対面での私のセールスがうまくいかなかったのか？

なぜ、私が学んだ様々な知見が、望むように機能しなかったのか？

分かってみれば簡単なことでした。


この世には、一般名称としての「人」は1人も存在しないのです。

すべての人、1人ひとりが「たった1人の個性的でスペシャルな人」なのです。

私が学んできた「他人を操る」知見やスキルはどれも、年齢や性別や職業などある程度の分類はありましたが、万人を相手にした普遍的なものでした。けれど、この世に1人として同じ人はいません。顔や体格や声が違うように、性格も響くポイントも違うのです。

この重要な事実を忘れた私の、小手先の技術が心を動かすわけはありません。

たとえば、「女性へのプレゼントには花束が喜ばれる」という話を学んで知って、意中の女性に花束を贈ったとします。

その相手の実家が花屋さんだったらどうでしょう？

あるいは「ケーキが喜ばれる」という話を学んで知って、話題のロールケーキを何時間も並んで手に入れて贈ったとします。

その相手が卵アレルギーだったらどうでしょう？

普遍的な意味では、「お花やケーキのプレゼント」は相手の心を動かします。しかし、相手によっては使えないどころか逆効果、という単純にして決定的な事実に、エニアグラムは気づかせてくれたのです。

それからの私は変わりました。

目の前の人はたった1人の「個性的でスペシャルな人」として見る。そして、エニアグラムをベースにプロファイルし、割り出したタイプに沿った心理誘導をする。するると爆発的に望む結果が得られるようになったのです。

もちろん、ビジネスでもプライベートでも！


これからあなたに伝えるのは、私を劇的に変えてくれたそのスキル。

自己成長ためのエニアグラムではありません。

他人を操るスキルとして、私が体系立てたエニアプロファイルです。

下半身をさらけ出してすすり泣いた恨みの中から生み出した、セールスや経営の現場で自分を実験台としてひたすら磨き続けてきた、「使える」ことだけに徹頭徹尾《てっとうてつび》、焦点を当てた再現性あるエニアプロファイルというスキルなのです。

第1章

エニアプロファイル基礎理論編

人は誰しも操られてしまう要素を持っている!

人を操るには「心の成り立ち」について知っておく必要がある

エニアプロファイルの具体的な使い方に進む前に、この章では「人の心の成り立ち」について簡単にお話ししていきます。

といっても、私は心理学者でも脳科学者でもなく、哲学者でも宗教家でもありませんので、心がなんなのかなんてまったく分かっておりません。ただ「エニアグラムで心や性格がどう捉えられているか」を紹介しつつ、どうしてエニアプロファイルが人の心を操ることができるのかを説明していきたいと思っています。

などと書いている私が言うのはなんですが、この章はややこしいし、分かっていなくてもエニアプロファイルは使えます。だから「理屈はいいのでとにかく操り方を知りたい」というあなたは、この章を飛ばして、第2章へ進んでください。

けれど、いつかはきちんとこの章も読んでくださいね。

理論を知っていると、応用が利くようになりますから。

「助手君、心とはなんだと思う？」

「……心とは……いまの私で言えば……いや、申し上げにくいです」

「なんじゃ？　言ってみなさい」

「……パン屋の子、笑《えみ》さんです」

「コイコイじゃのう（大笑）」

「博士、申し訳ありません。私にはなにがおかしいのか……」

「じゃから、来い濃い恋、なのじゃろ？」

「そうです。私のいまの心には来い濃い恋しかありません。ですから博士、笑さんのことをどうすればいいか、教えてください！」

「落ち着きたまえ。オチをつけるために、いまわしが……」

「博士!!　教えてください!!!」

「びゃあ、びっくりするの。そんな大きな声を出さんでもむろん教える。教えるがその前に聞かせてくれ。君は彼女との【いま】をなんとかしたいのか、それとも【これから先ずっと】をなんとかしたいのか、どちらじゃ？」

「【これから先ずっと】、です」

「しからば、エニアグラムが心をどう考えているのかから学ぶべきじゃ」

「私はエニアグラムについてまったく知りませんが、大丈夫でしょうか?」

「任せておけい。大丈Vじゃ!」

人間の性格を9つに分類した「エニアグラム」とは?

エニアプロファイルは、エニアグラムを考え方のベースにしていることは先にも書きましたが、じゃあエニアグラムとはなんなのか?

私の先生であるティム・マクリーンさん、高岡よし子さんが代表を務める「エニアグラム研究所［日本］」のホームページには以下のように紹介されています。

「エニアグラムとは、ギリシャ語で「9の図」という意味の幾何学図形であり、この図形をシンボルとして発展した性格タイプ論です。それは人間を9つの基本的な性格に分類したもので、それぞれの性格の働きを描いた【こころの地図】と言えます。

エニアグラムは少なくともギリシャ哲学に遡《さかのぼ》るルーツをもち、現代では心理学的研究が急速に進んで発展してきました。現在、もっとも効果的な自己成長のシステムのひとつとして、ビジネス、コーチング、カウンセリング、教育などのさまざまな分野に取り入れられています。

エニアグラムは、９つの性格タイプごとの世界観や動機、特性などについて、驚異的なまでの理解を可能にします。また、習慣的思考・感情・行動パターンについて、タイプごとにきわめて具体的に示してくれます。

エニアグラムは、性格の自動的パターンからもっと自由になり、本来の

9つのタイプの名称とエニアグラム上での位置

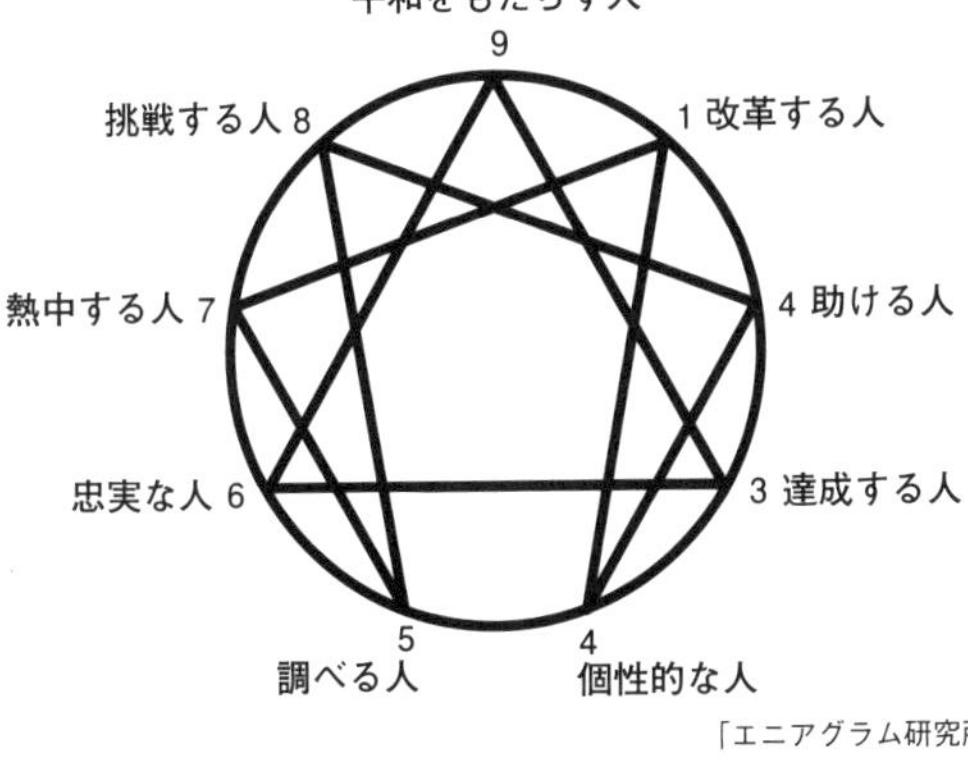

「エニアグラム研究所［日本］」より

自分の豊かさに触れ、成長していくためのものです。対人関係においても、性格の違いからくるすれ違いや葛藤に留まるのではなく、お互いを活かし合い、成長していくための助けになります。」

（エニアグラム研究所 < http://enneagram-japan.com> より）

とても分かりやすい説明になっていますが、はじめてエニアグラムに触れる方のために、もう少し深く触れていきます。

◆誰もが持っている「9つの性格」

エニアグラムは個人の特性を9つのタイプに分類していて、世界中のすべての人はそのうちの1つに当てはまるとしています。

タイプは生まれた瞬間に決まっています。そして死ぬまで変わることはありません。しかし、エニアグラムのタイプは「ありなし」ではありません。自分がどのタイプであっても、9つすべてのタイプを自分の中にある程度は持っていて、その中で一番強く表面に現れているのが自分のタイプ、つまり「強弱」なのです。

各タイプは、人生観や価値観、行動の動機や選択の基準、コミュニケーション方法やストレスへの対処法などにおいて、それぞれ特徴的で共通の「やり方」を持っています。それを丹念に観察し研究し、性別や国籍を超えて等しく当てはまる知見としてまとめたのが、エニアグラムなのです。

◆エニアグラムは古代ギリシャ時代に誕生していた

エニアグラムの図形そのものに示される考え方は、ピタゴラスやプラトンなど、古代ギリシャの思想に端を発しているとされています。

その後の流れには諸説ありますが、西洋社会に持ち込んだのは、神秘思想家であるゲオルギー・イワノビッチ・グルジェフと言われています。そして同じく、神秘思想家であるオスカー・イチャーゾによって1950年代に性格類型として確立され、その後、1970年代にアメリカに渡りました。

古代ギリシャ発祥からアメリカに渡るまで数千年にわたって様々な地域を旅したエニアグラムは、その土地土地であるゆる知見を内包しました。たとえば、ユダヤ教のカバラや生命の樹や数秘術、キリスト教の7つの大罪、インド哲学のヨガやカルマ、ヒンズー教の三神一体など、洋の東西を越えた精神文化を吸収したのです。

こうした歴史は、小学校から中学校にかけ、オカルト的なものに傾倒していた私に

『エニアグラム 自分のことが分かる本』（ティム・マクリーン／高岡よし子著、マガジンハウス）を参考にさせてもらったぞい。

とって垂涎《すいぜん》もの。一説には、イスラム教の神秘主義的宗派であるスーフィーの霊的指導者が秘伝として2人の弟子に口伝《くでん》で伝えていた（実際に使えるのは1人だけで、もう1人は不慮の死に備えての存在で使用はできない）という話もあり、余計に私の心を熱くします。

このように書くと、怪しさ満点になってしまいますが、エニアグラムは決してオカルトではありません。心理学的に研究・検証されている性格分類論です。

◆アメリカで理論化されている心理学的研究

アメリカに渡ったエニアグラムは、スタンフォード大学やバークレー大学で、心理学や精神医学の見地から研究や検証が行われるようになりました。

そして、私の大先生（先生の先生）であるドン・リチャード・リソ氏、ラス・ハドソン氏によって、フロイトやユング、カレン・ホーナイなどの研究、対象関係論、DSM―Ⅳ（精神疾患の分類と診断の手引き）など、精神医学の理論との比較研究をしながら、詳細な理論として編《あ》まれていきました。

私は、2012年にリソ氏が逝去《せいきょ》される前に彼に直接教えていただき、ラス氏が来日した折には、いまも教えを請《こ》いに行っています。エニアグラムは日々進化しており、年を追うごとに奥深さを増していると感じています。

◆性格タイプごとの驚異的なまでの精度

エニアグラムは本当に、驚異的な精度で人の内側を見抜きます。

その精度の高さに、エニアグラムに触れたことのある方は100％、驚きます。

自分のタイプが分かったとき、一番多い反応は「笑っちゃう」。なんでそんなに自分のことが分かるのかが驚異的すぎて「笑っちゃう」という反応しか出てこなくなるのです。

アップルやトヨタ、コカコーラやＩＢＭやソニーなど世界の錚々《そうそう》たる企業が注目し、取り入れていることもこの精度の高さを証明していると言えましょう。

この驚異の精度は、エニアグラムが人の「心の底」を扱っているから出せるものなのだと、私は個人的に考えています。

では、「心の底」とはなんなのか？

いよいよ核心に迫っていきたいと思います。

●――「人の心の底」に存在する4つの層

会社で部下に……。

「ちょっといいかな。君、側頭葉《そくとうよう》の海馬《かいば》に損傷があるんじゃないか？　何度注意しても同じミスをするっていうのは脳障害としか考えられないからな。早めに精密検査をしたほうがいいぞ。そうだ、今日これから行くのがいいんじゃないか。うん、早退していいから病院に行きたまえ」

電話で子供に……。

「今日のテストどうだった？　また同じところで間違えちゃったのか。よかったじゃないか。そこが弱いところだから、もっとたくさん勉強しようって教えてもらったんだよ。何度かやってればきっとできるようになる。できたらものすごくうれしいぞ。その日を目指して頑張ろうな！」

町内会長として広告業者に……。

宮城博士は死後の世界や超能力など、いわゆる超心理学まで研究した心理学者じゃった。2005年に亡くなられておる。

「申し訳ないってあなた、これで何度目ですか！　あなたうちの町内会をバカにしてるでしょう。真剣に取り組んでいないでしょう。だから二度も三度も間違えて、私らはこうして呼び出され余分な時間を取られている。えっ、違う？　じゃあ、なんで何度も何度も間違えるんだよ!!!」

実はこれ、同じ人がある1日にした発言です。

「何度か同じ間違いを繰り返した相手に対して」というシチュエーションはまったく同じなのに、あるときは辛辣《しんらつ》な皮肉家、あるときは優しき理解者、またあるときは怒れる暴君と、まるで怪盗キッド……いったいどうなっているのか……。

「人は持って生まれた気質を変えることができない」と習ったのに、1人の人の態度がここまで違うことを、どう理解したらいいのでしょう……私は混沌《こんとん》の沼に入り込みました。

そんな私に、光を与えてくれたのが51ページの図です。

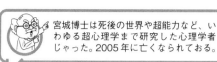

「心の4重の同心円構造」と言われています。

私の知る限り、心理学者の宮城音弥《おとや》博士が提唱していたもので、人の性格は外側から「役割的性格」「習慣的性格」「狭義の性格」「気質」という4重の同心円構造になっていることを表しています。そして、このうち外側2つの「役割的性格」「習慣的性格」は変えることが可能だが、心の底の2つ「狭義の性格」と「気質」は自分で変えることはできないと教えています。

はじめてこの図に触れたときは、ウソだろう⁉ と思いました。

アメリカの哲学者であり心理学者でもあるウィリアム・ジェームズの「心が変われば行動が変わる。行動が変われば習慣が変わる。習慣が変われば人格が変わる。人格が変われば運命が変わる」を信じ切っていたからです。

まさか変えられる性格と、変えられない性格があるなんて！

私は、心の4重構造について学び始め、その面白さにはまっていきました。

◆「役割的性格」から出た発言や行動は、その人そのものではない

一番外側を覆っているのが、役割的性格。一番外側にあるということは、なにかを答える、あるいは判断するとき、まず「役割で考える」ということを示しています。

たとえばあなたが、経営がかなり苦しくなっている会社の経営者だとしましょう。社員が営業車の自損事故を起こしたとします（ロクでもない仮定で申し訳ありません）。

「人の心の底」に存在する４つの層

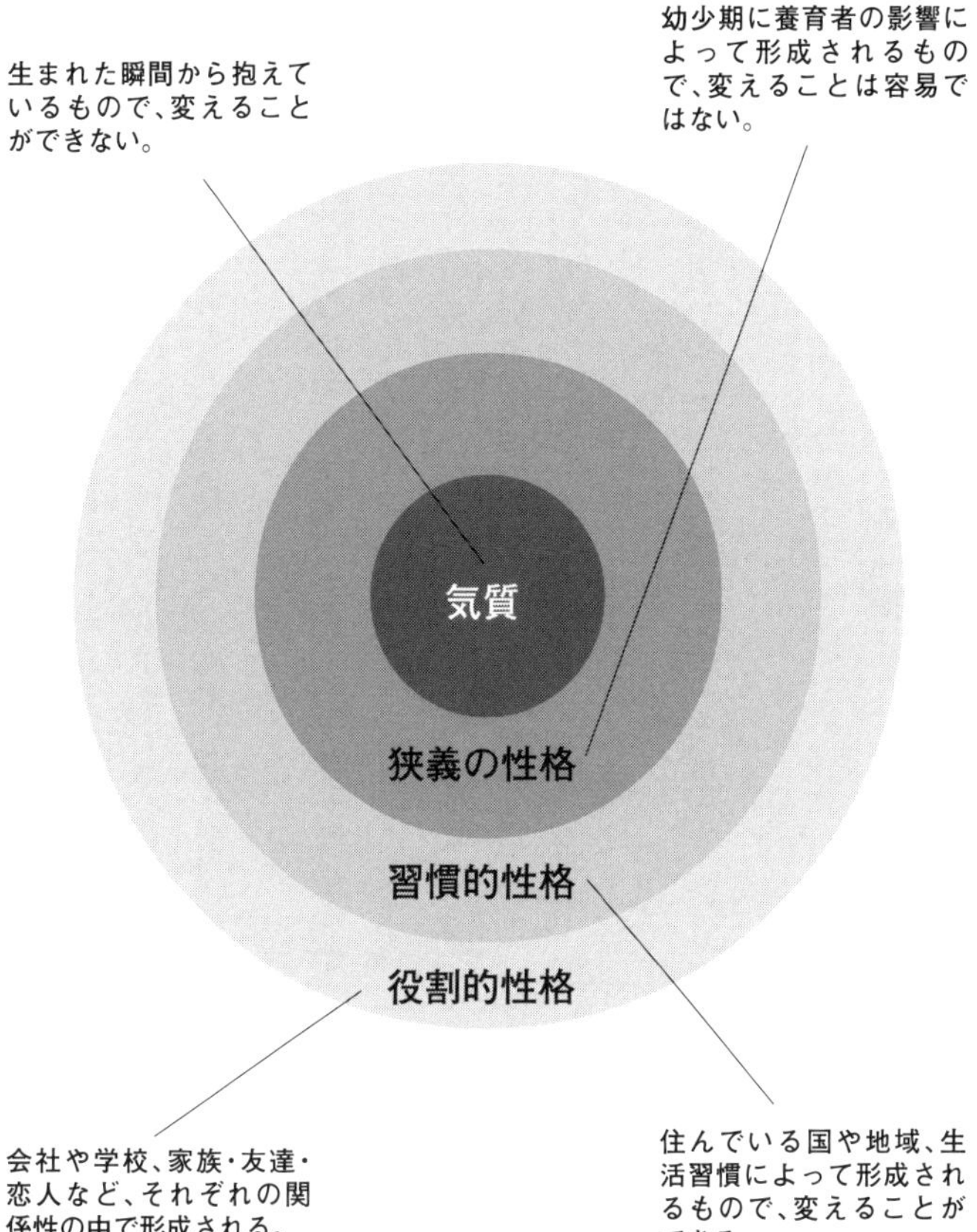
生まれた瞬間から抱えているもので、変えることができない。
幼少期に養育者の影響によって形成されるもので、変えることは容易ではない。
気質
狭義の性格
習慣的性格
役割的性格
会社や学校、家族・友達・恋人など、それぞれの関係性の中で形成される。
住んでいる国や地域、生活習慣によって形成されるもので、変えることができる。

その社員に対してどんな発言や行動を取りますか？

「君の身体になにごともなくてよかった。不注意は誰にでもある。これからは気をつけてくれよな」というように声をかけるのではないでしょうか。

心のどこかで「けっこうなお金が飛ぶな、勘弁してくれよ」と思っていても……。


いまのは極端な例かもしれませんが、これが「役割的性格」からの発言や行動です。

私たちは、社会の一員としていろいろな役割を持っています。会社に行けば経営者や中間管理職、家庭に戻れば夫や妻や父親や母親、趣味のサークルに入っている人は、そこで与えられた役割などです。そして、意識的に、あるいは無意識的に、その場その場で自分に与えられた役割に則《のっと》った発言や行動をしています。

この項の冒頭の人がまさに好例。同じシチュエーションなのに、上司としての役割からと、父としての役割からと、町内会長としての役割という立場から、発言や行動を変えているのです。

◆「習慣的性格」は変えることができる性格

役割的性格の内側にあるのが、「習慣的性格」。

習慣的性格は、人とどう接するか、なにかが起こったときにどういう態度を取るかに表れるとされ、宮城博士は「住んでいる国・地域の文化的慣習や日常の生活習慣によって形成されていく性格の部分」と定義しています。

こう言われると、なんだか難しく感じますが、次のように想像をしてもらえば、一発でご理解いただけるのではないでしょうか。

まったく同じＤＮＡ配列の赤ん坊が２人います。１人は、日本の地方都市の中流家庭で育ちました。もう１人は、戦争が絶えない地域の、犯罪が日常茶飯事のスラム街で育ちました。数年がたち物心ついたこの２人の性格は同じだと思いますか？

たとえば、隣人に対しての接し方は同じでしょうか？

大金の入った鞄《かばん》が落ちていたときの態度は同じでしょうか？

日本で育った子は、おそらく「隣の人には元気よく挨拶《あいさつ》をしなさい」「拾ったものは警察に届けなさい」と言われるでしょう。

スラム街で育った子は、「隣人といえども絶対に信用しちゃいけない。誰に声をかけられても返事をしないように」「拾いものは神のご加護《かご》。感謝していただきなさい」などと言われるかもしれません。

いずれにしろ、同じことを言われて育つとは思えません。

では2人が、それぞれ言われたことを習慣的に反復したらどうなるでしょう?

まったく違う性格が形成されるのを想像するのは難しくないと思います。

よく「性格は変えることができる」と言われますが、それはこの習慣的性格を指します。

習慣的な反復によって形成された性格なのですから、違うことを習慣的に反復すれば違う性格を形作ることができるというわけです。

先の例で言うなら、スラム街で育った子供が誰に対しても挨拶をしない「暗い印象」を残す性格だったとして、その後、他国に留学。「知り合いに会ったら必ず挨拶するように」と徹底して習慣づけられると、きちんと挨拶ができるようになり、性格に対しても「明るい印象」になる。

つまり、「性格が変わる」わけです。

◆「狭義の性格」は幼少期に作られ変えることはできない

習慣的性格の内側には、「狭義の性格」があります。

幼少期とは、0～3歳頃までのことで、養育者は多くの場合、母親じゃな。

一般に「人格」と呼ばれているもので、言語を覚えるまでの幼少期に、養育者の影響によって形成されると言われています。

「幼少期にあまり愛された記憶がないと自信のない性格になる」などがそうで、ほとんどの部分が養育者の関わり方次第で決まってしまうので、本人にはどうすることもできません。また「三つ子の魂百まで」ということわざが示すように、大人になってからはほぼ変えることができません。

先ほどの習慣的性格の形成が、その人の置かれた環境によるものならば、狭義の性格は、幼少期に受けて育《はぐく》まれた「愛情」が大きく関係します。それゆえに、形作られてしまった性格は、大人になってから変えることが困難なのです。

◆「気質」は持って生まれたもので、変えることができない

さて、いよいよ「人の心の底」、同心円構造の核心にある「気質」です。

宮城博士の理論にエニアグラムの知見をミックスして、私なりに話を進めていきますが、知っておいてほしいのは以下の3つです。

1. 人は生まれた時点ですでに気質を持っている
2. 持って生まれた気質は、なにがあっても変わらない
3. 人の根本的な考え方や性向は、気質によって決まっている

気質は、これまでの3つの性格と違い、外部環境はまったく関係なく、生まれ落ちた瞬間に決まっています。しかも遺伝ではありません。

正確には、気質と遺伝の関係は研究中で、いまはまだよく分かっていないと言うべきですが、気質が遺伝であれば親と子、あるいは兄弟は、ほぼ似かよった気質でなければなりません。しかし現実はそうでないことは、あなたも自分のケースを考えれば分かってもらえると思います。

気質は、植物で言えばタネのようなもの。

人は生まれてくるときに、気質というタネを抱いてくるのです。

たとえば、タンポポのタネ（気質）を持って生まれてくる人がいます。その人は太陽が好きだし、真っすぐ上に伸びていこうとします。

一方、コケのタネを持って生まれてくる人もいます（コケはタネじゃなくて胞子ですが分かりやすさのために許してください）。コケはご存じの通り、太陽を浴びすぎると死んでしまいますし、地面に広がるように増えていきます。

では、タンポポのお母さんがコケの娘を産んだとしたらどうでしょう？

そして、気質の違いをまったく理解していないとしたらどうでしょう？

タンポポの母は、娘のためにと思って一生懸命に太陽の当たるところに出そうとするでしょうし、真っすぐ上に伸びるための努力をさせようとするでしょう。しかし、娘のタネはコケなのです。太陽をたくさん浴びたら死んでしまうし、元来上に伸びることはできないのです。

つまり、「人によって気質は様々である」ということを理解していないと、恐ろしい悲劇が起こるわけです。

「気質の違いを知らなかった頃は、わしも悲劇を起してしまったわい」

「博士がですか！　ぜひそのお話を聞かせてください」

「わしはその頃、ある種の人間が許せなかったのじゃ。ユーモアの欠けらも解さない機械仕掛けの人間めと恨みもした。そして最後には堪忍《かんにん》袋の緒《お》が切れ、怒鳴ってしまったのじゃよ」

「なんとおっしゃったのでしょう？」

「わしのダジャレで笑わないのはダレジャ！」

「……」

「しかし人はみな同じではなく、気質に違いがあると知ってからは許せるようになったのじゃ」

「……」

「どうしたのじゃ？」

「いえ、本当に人の気質は様々だと感じておりました」

「うむ、人の気質はその人独特のものじゃからな」

「気質について興味が出てきました。もう少し深く教えてください」

「ではエニアプロファイルの基礎を支える考え方、【無意識下の恐れ】と【無意識下の欲求】について話をしていこう」

エニアグラムでは、それぞれ「根源的恐れ」「根源的欲求」と呼んでおるの。

「無意識下の恐れと欲求」が、相手を思いのままに操る鍵

ここからさらに話は理解しづらくなります。
無意識下の話になるので、体感として分からないからです。
ですから、すぐには理解できなくてもまったく問題ありません。
そういうこともあるのだ、くらいに読んでください。

ここまでで、人間はそれぞれの気質を抱いて生まれ落ちることをお話ししました。それぞれの気質の無意識下には、それぞれの「恐れ」が刻み込まれています。その恐れから逃れるためそれぞれの「欲求」が無意識下で生み出されます。無意識下の欲求はそれぞれの「人生のルール」を作り出し、私たちはそのルールに（無意識的に）従ってこの世界を生きているのです。

自分の中にそんなものが刻まれていることを、にわかには信じられないと思います。私も信じられませんでした。しかし私たちは、現実にこうしたメカニズムに操られて生きているのです。宗教なら、これを業《ごう》とかカルマとか呼ぶのでしょう。

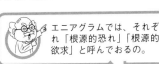

私自身は、このメカニズムを考えるとき、シェル・シルヴァスタインが『ぼくを探しに』（倉橋由美子訳、講談社）で描いたパックマンのようなアイツを思い出します。

ぼくには何かが欠けている
それは幸せなことじゃない
そうだから欠けた欠けらを探しにいこう

欠けた部分が無意識下の恐れであり、欠けているから埋めたいという欲求（無意識下の欲求）が出て、本体である私に探しに行かせる（人生のルール）という感覚です。

先にタネを明かしてしまうと、エニアプロファイルは「人生のルール」を観察することでタイプをプロファイルしていきます。役割によって変わる態度や言葉ではなく、一生変えられない、自分ではコントロールできない無意識の行動や特徴をベースにするため、高い精度でプロファイルすることが可能なのです。

エニアプロファイルができたら、さらに深い層に横たわっている無意識下の欲求を

人が操られる原因
「無意識下の恐れと欲求」

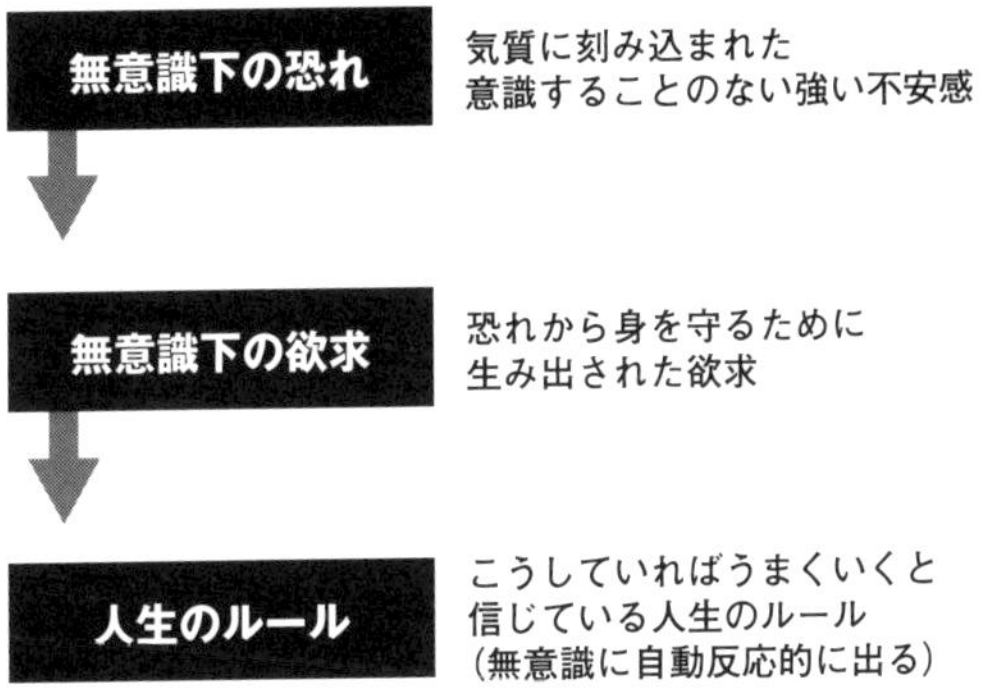

刺激することで人を思いのままに操っていきます。意識されていない欲求への刺激だからこそ、深く相手の心の底に入り込み、操っていけるというわけです。

以上の関係を図にすると、上の図の通りです。

ここから、私を例にして具体的に説明していきます。

あなたはネットカフェ（漫画喫茶）に行ったことはありますか？

行ったことがあるとして、あなたはどのように漫画を読むでしょう？

「そんなの興味のある漫画を選んで1巻から順に読むに決まってる。質問の意味が分からない」と思われたかもしれません。

しかし、私は違うのです。いろいろなジャンルの漫画の1巻だけを持ってきて、それぞれ1巻を読んでいくのです。たとえば、ボクシング漫画の1巻だけ読んで、次にホラーの1巻を読んで、次に銭金系を読んでギャグ系に移って……という感じです。気持ち悪いと言われます。

しかし、この読み方をしないと、私は落ち着かないのです。

1つの漫画だけを読んでいたら、もっと面白い漫画を読み逃すかもしれないからです。私はそれがたまらなく嫌なのです。もっと自分を満たしてくれる漫画に出会うチャンスを見逃してしまうのが恐いのです。

なぜ私はこんなことを思うのか？

私の無意識下に「いまおまえが持っているものでは、おまえは満たされない」という「恐れ」が刻み込まれているからです。そして、この恐れから身を守るため「満たされていたい」という欲求が生み出されているからです。

「満たされていたい」という無意識下の欲求は、「満足するものを手に入れたらうまくいく」という「人生のルール」を作り出し、私はそのルールにまったく自覚なしに突き動かされて、自分を完全に満たしてくれる〝あるはずもないもの〟を探し、ネットカフェで漫画1巻だけを数冊持って席に着くという行動に出てしまうのです。

このメカニズムは、「フラワーロック」のような自動反応です。音に反応して自動的に動くフラワーロックと同じように、なにかを選択するときや行動するとき、またコミュニケーションの場面やストレスがかかったときに、まったく自覚なく、「人生のルール」従って動いてしまうのです。

しかし、これが罠《わな》なのです。

私の場合、そもそも欠けている部分が「満たされていない」という不安なのですから、どこを探したって満足するものに出会えるわけなどありません。

それどころか、動けば動くほど「どれも私を満たしてくれない。このままでは全然幸せになれない」と無意識下の恐れが強化されます。

それが「満たされたい、満たされたい」とさらに強い無意識下の欲求を生み、「自分を満たしてくれるものをもっともっと探さねば」と、より貪欲《どんよく》に「満たしてくれるもの」を求め行動してしまいます。その行動が無意識下の恐れをさらに強化して、もっと強い無意識下の欲求を生み……出るに出られぬアリジゴクに落ちていくわけです。

誤解があるといけないのでつけ加えておきますが、無意識下の欲求は悪者ではありません。

タイプによって違いはあれど、「愛されたい」とか「安全でいたい」とか「有能でありたい」という人間として当然の欲です。その意味では、行動へのエンジンと言えましょう。

問題は「無意識下の欲求を満たしてさえいればすべてうまくいく」と過剰に思い込み、そこに過度にフォーカスして、普通のことができなくなってしまうことです。

私の漫画の読み方なんて、その最たるもの。

私は、読みかけたほぼすべての漫画の最終回を知りません。途中で読むのをやめ、新しい漫画の第1巻に手を出してしまうからです。これでは、その漫画が持つ醍醐味《だいごみ》や面白さを味わっているとは到底言えず、「満たされる」わけはありません。無意識下の恐れや欲求に操られ、悪い方向へと落ちていっている好例です（そう分かっていてもなかなか直せないところに、この2つの手強さがあるのですが……）。

自己成長のための知見であるエニアグラムは、無意識下の恐れにしっかり向き合えば、自動的に発動する「人生のルール」から解放され、豊かな人生を味わえることを教えてくれます。

ところが、この本は自分の自己成長に向けてではなく、他人にエニアグラムを使う禁断の書。自分ではコントロールできない心の底（無意識下の恐れや欲求）を刺激して心理誘導を行う、いわば**「裏エニアグラム」**です。

ここまででそのメカニズムは分かっていただけたと思いますので、次章からエニアプロファイルの具体的なタイプ分類を紹介していきましょう。

「博士、私、興奮してきました！」

「びゃあ、びっくりするの。君は興奮すると大声になるから心臓に悪いわい」

「人が自分でコントロールできない心の底を刺激し心理誘導する。こんな恐ろしく、こんな素晴らしいことをこれから学べるのです。これで興奮しなければ心理の学徒ではありません！」

「心理の学徒というなら、その興奮をコントロールすることもできるのではあるまいか？」

「それは……」

「なんじゃ」

「どのようにすればいいのでしょう？」

「パン屋の娘との恋路に想いを馳《は》せてみたらどうじゃ」

「……ありがとうございます。冷静になりました」

「ではいよいよ、エニアプロファイル、６つのタイプの説明に入ろうかの」

「博士、質問があります」

「なんじゃ」

「エニアグラムには9つのタイプがあるのに、エニアプロファイルはなぜ6つしかないのでしょう」

「それは毎年、毒キノコを食べて命を落とす人がいるからじゃよ」

「おっしゃっていることがまったく分かりません」

「ということから、説明を始めようかの」

「はい、よろしくお願いいたします！」

第2章

相手を信じ込ませるエニアプロファイル 本編（1）

もっとも分かりやすい3タイプから狙う！

●相手を完全に信じ込ませることが確実にできる実践書

はじめにお断りしておきます。

エニアグラムには、９つの分類がありますが、本書では６つしか取り扱いません。

なぜなら私は、この本を「使える本」にしたいと考えたからです。

たしかに、９つのタイプすべての解説があったほうが「学問」としては漏《も》れがなく、読んでいるあなたの知識欲は満たされると思います。では、それが実際に使えるかと言ったら、断然ノー。

私自身は、話している相手のタイプが９つのうちのどれなのか、ある程度正確に推測できます。しかし、それは10年以上、それもかなりの時間やお金をかけてエニアグラムに取り組んできたからです。

私と同じことを、本書を読んでくださっているあなたに要求するのは、キノコ豊のかな山にキノコ図鑑だけを持たせて取りに向かわせるようなもの。

あなたは図鑑だけで、目の前のキノコが美味極まりないか、それとも死に誘う猛毒を持つか判断できますか？

たとえば、殺しの天使の異名を持つ毒キノコ「ドクツルタケ」は、食べることができる「シロマツタケモドキ」と見た目が瓜ふたつ。ベテランのキノコハンターすらも惑わし、毎年死者や重傷者を出し続けています。

あなたはこの事実を知ってなお、はじめて見るキノコを図鑑だけを頼りに取ってきて、それを食べることができますか？

では、山に持って入ったキノコ図鑑に6つしか種類が載っていなくて、「最初の5つは分かりやすいから覚えてください、その5つに当てはまらないと感じたものは全部、最後に紹介しているキノコと判別してください。それで問題ありません」と書いてあったらどうですか？

安心してキノコを取れませんか？

私は、そういう「使える図鑑」を目指し、自分の経験と、SECRET6メンバーの力を借りて、迷ってしまう部分をばっさりカット。エニアプロファイルの力が最大限に活かされる6タイプに絞りました。

相手をエニアプロファイルするときの進め方

エニアプロファイルは、具体的には以下の流れで進めていきます。

1. 第一印象（初対面から3分以内）
2. 初期エニアプロファイル（2～3タイプに絞る）
3. 観察
4. 最終エニアプロファイル（1タイプに絞り込む）
5. 禁断の心理話術

1の第一印象でも、3の観察でもタイプの特徴がよく出るポイントして以下の7点を見てください。

A. 体型
B. 雰囲気

具体的なやり方は、
第４章で説明するぞい。

C. 声の高さ
D. 話すスピード
E. 話し方
F. しぐさや表情
G. よく口にする言葉

以上の7ポイントの第一印象で、「このタイプかもしれないな」という2～3のタイプに絞ります。そのタイプを念頭により詳しい観察に進み、最終的に1つのタイプにエニアプロファイルします。

はじめのうちは難しいかもしれませんが、これは量稽《げい》古《こ》。続けていればコツがつかめます。素振りをせずに大打者になった人がいないように、基礎稽古を反復せずに技術を修得することはできません。やり続けることが肝心なので、ぜひ続けてください。

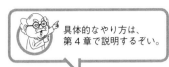

●「人の心の底」を刺激する禁断の心理話術

エニアプロファイルできたら、禁断の心理話術をしていきます。

禁断の心理話術とは、各タイプに対しての効果的な発言や行動のこと。

たとえば、赤い車を買ったとたん、道路に赤い車が増えた経験はありませんか？

あるいは、彼女ができたとたん、街にカップルが増えた経験は？

もちろんこれは錯覚で、実際に赤い車やカップルが増えているわけではありません。

私たちは普段、自分で情報を選択しているつもりになっていますが、実際は見るものも聞くものも嗅いだり感じたりするものも、その多くを無意識に操られて選択しています。

自分が赤い車を買ったこと、あるいは彼女ができたことは大きなことだと無意識が認識したから、そこに注意を払うように指示を出し、急に赤い車やカップルが街に増えるという怪現象が起きるわけです。

こうして注意を促しておかないと、みな「自分のこと」を考えてしまうからの。集合写真を見たときにまず自分を探してしまうのと同じ原理じゃ。

無意識下の恐れや無意識下の欲求も、頭でどうこうできるものではありません。禁断の心理話術の狙いは、ここ。

ピンポイントで言えば、無意識下の欲求を満たしてあげるテクニックです。

誰だって無意識下の欲求が満たされるのは気持ちがいいのです。

気持ちがいいだけでなく、無意識下の欲求を満たしてくれる相手には親近感を抱くし、信頼をします。それは家族に対して感じている親近感や信頼に近い、強くて深い感情です。

禁断の心理話術が恐ろしく、また効果的なところは、「自分がなぜそう感じるのか、頭で理解できないこの無意識下の欲求を刺激する」ところであり、だからこそ、エニアプロファイルは「悪魔のスキル」なのです。

タイプを見ていきますが、重要な注意事項があります。

エニアプロファイルは他人の気質を読み操っていくスキルです。

そのため、あなたが「自分はどのタイプだろう」と探るのには適さない書き方をしています。自分のタイプ探しには使わないでください。

そうではなく、「これはあの人のタイプだ」と、あなたの周りにいる同じタイプの人を想像し、その人の心の底に潜り込むことをイメージして読み進めてください。

では、エニアプロファイル6タイプを、「1．ビッグボス」「2．スマイリー」「3．シンカー」（以上、第2章）、「4．クール」「5．ファンラバー」、そして「6．バランサー」（以上、第3章）の順にご紹介していきます。

【エニアプロファイル1】
怒ると怖そうな親分「ビッグボス」

声が低く大きく、
がっちりとした体型で、
腕組みしているだけで威圧感があり、
「親分」や「大将」、「番長」などというあだ名がついている、
「力」に満ちあふれた人。
それがビッグボス。

ビッグボスは、あふれる「力」ゆえにご紹介する6タイプの中でもっともプロファイルが容易。またエニアプロファイルをビジネスで使おうと考えているなら、規模の大小を問わず「社長」に多くいるため、特に重要なタイプです。

論より証拠で言いますと、SECRET6メンバーもまずはビッグボスに対してエニアプロファイルを使用し大きく成績を伸ばしました。

なかでもIT会社を経営する内山さんは、それまであまり仕事に結びついていな

かった大きな取引先の社長さん（ビッグボス）にエニアプロファイルを使って接したところ、とても気に入られ、その会社からの発注だけでなく次々と紹介がきて、結果「売上が3倍になった！」という驚くべき成果を出しています。

「ビッグボスは他人に【恐い】という印象を与えることも多いの」

「ものすごく分かります」

「じゃが実際に恐いわけではない。どちらかというと頼りになる存在じゃ。しかし力に満ちあふれているので恐そうな感じがしてしまうのじゃよ。いや、わしが話しておるよりご登場いただいたほうが早いの」

「登場、ですか？」

「そうじゃ。ビッグボスの代表として1人呼んでおるのじゃ」

「どんな方か楽しみです！」

「と言っておられるのもいまのうちじゃな」

「どういう意味でしょう？」

「君がお相手するのじゃぞ」

「えっ？」

「君が全タイプ、その身をもって営業し、折衝し、交渉し、エニアプロファイルを身につけていくのじゃ」

「私が、ですか！　私、営業とかしたことないのですが……」

「なにを言っておる！　君は、彼女としっぽりいきたいのじゃろ？」

「その表現はいかがなものかと思いますが、はい、仲良くなりたいです」

「では、すべてはそのための修業と思い励みなさい」

「ありがとうございます。頑張らせていただきます」

「うむ。ではさっそく、ご登場願おう。頼力《よりき》君、よろしくじゃ！」

では、ご紹介いたしましょう。

力に満ちあふれ、まさに親分肌の頼力 怖太郎《こわたろう》さんです（次ページ参照）。

ビッグボスを、ひと言でまとめると「デカい」。

声がデカいし、態度がデカいし、その人が男性の場合は顔もデカいでしょう。

ビッグボスは外に向かって「力」を出しており、その「力」が圧倒的だから誰に

ビッグボスの特徴(頼《よ》力《りき》 怖《こわ》太《た》郎《ろう》氏)

【体型】

●柔道家や相撲取り系の体型が多い

【雰囲気】

●存在感(ときには威圧的オーラ)がある

●実際に体格に関係なく「大きい」イメージ

●身がパンパンに詰まって「どっしり」している

●「重い」感じ

【話すスピード】

●どちらかというと遅い

【よく口にする言葉】

●「白黒はっきり」

●「さっさとやって」

●「結論から言うと」

●「許せない」

●「徹底的に」

●「一か八か」

●「敵か味方か」

●「細かいことにはこだわらない」

【声の高さ】

●声は低く、無駄に大きい

【話し方】

●ぶっきらぼう

●しっかりと相手の目を見て話す

●遠慮せず、はっきりものを言う

●論理的というよりは、気持ちに訴える話し方

●相手の話を遮ることも多い

【しぐさや表情】

●握手や肩を叩くなど肉体的な接触を好む

【その他の特徴】

●煮え切らない態度が嫌い

●仕切りたがり

●長い自慢話

●機嫌が悪いとケンカ腰になる

●エネルギーは腹のあたりにある

とっても分かりやすく、つまりエニアプロファイルが容易なのです。

次の人物例を見てもらうと、より理解が深まるのではないでしょうか。

【人物例】

星野仙一／石原慎太郎／ビートたけし／朝青龍／ケンドーコバヤシ／和田アキ子／細木数子／野村沙知代／田中眞紀子／加賀まりこ（敬称略）

●──ビッグボスはどのような発言や行動を取るのか？

ビッグボスは、実際にはどのような発言や行動をしているのか。頼力怖太郎さんにまつわるエピソードを1つご紹介いたします。

「はじめまして。私は外資系の保険会社で法人営業をしている弱田と言います。すでにご契約をいただいているお客様から頼力様を紹介していただきました。自社ビルを持つ専門問屋の社長様ということだったので、お約束いただいた当日は大きな契約を期待して向かいました。

会社を訪問し、受付で5階に上がるよう言われてエレベーターに乗ったときです。私の後ろから『すみませんね、ご一緒させてください』と大きな声がして、恰幅《かっぷく》のいい方が乗り込んできました。直感的に頼力様だと思いました。オーラというと陳腐かもしれませんが、身体から発散される力がほかの方とは違っていたからです（のちほどの名刺交換で、私の勘が間違っていなかったことが分かります）。

エレベーターには、あとからも何人かが乗ってきて、あと1人乗れるかどうかとなったとき、若い男性が乗ろうかどうしようかちょっと躊躇《ちゅうちょ》されたんです。そうしたら頼力様が『さっさと乗らんか！　おまえはいつも判断が甘い。そうしてグズグズしていることでみなさんに迷惑をかけているのが分からんのか！』と一喝《いっかつ》。迷っていたその男性は泣きそうになりながらエレベーターに乗り込んできました。

私は、自分で言うのは情けないのですが、神経が太いほうではなく、このような勢いのある（正直に言うと「恐い」感じがする）方がとても苦手です。この日の商談も、エレベーターでの頼力様のこの勢いに飲み込まれ、目も当てられないほど悲惨なことになりました」

「どうじゃ？」

「これは私でも萎縮《いしゅく》してしまいます。弱田さんに同情します」

「ビッグボスはジャイアンじゃからな」

「ジャイアン？」

「なんじゃ知らんのか。絶望的に歌の下手な剛田《ごうだ》武君じゃよ」

「いや、剛田君のことは幼少期から知っていますが……」

「ジャイアンも頼力君と同じビッグボスなのじゃ」

「なるほど。イメージは重なります」

「どちらも力が圧倒的じゃからな。しかし理由なく声を荒げることはない。いったいどんなわけがあったのか、ここは本人に直接聞いてみようぞ」

「えっ？　剛田君がここに来るのですか？」

「そちらは大人の事情で叶わぬわい」

「ということは、いらっしゃるのは頼力氏……」

「君にとっては好都合じゃろ。君は頼力君に営業をしないといけないわけじゃから、じかに観察できるのは最高の機会ではないか」

「ええっ！　いきなり頼力氏は壁が高すぎるかと……」

「大丈夫じゃ。エニアプロファイルの力を信じなさい。さぁ、向こうへ行って。のちのちに備えて頼力君をしっかり観察するのじゃ」

「かしこまりました。が、緊張します」

「頼力く～ん！」

「そんなすぐさまですか！」

（助手が去り、頼力さんがやって来る）

「やぁやぁ博士、ご無沙汰しております（①握手をしてくる）」

「相変わらず、声が大きいの」

「②ガッハッハ、元気だけが取り柄ですからな。ところで今日はどんなご用で？」

「うむ。エレベーターで社員を叱《しか》ったと聞いたのじゃが、なぜ多くの面前でそんなことをしたの

「解説じゃ！」

①肩を叩いたり、握手をしたり、ビッグボスは肉体的な接触を好むからの。その握手がまた強くて痛かったわい……。

②声がデカいから笑い声は文字通り、ガッハッハと聞こえるのじゃ。

か、君の意図を聞きたくての」

「あのことですか。実はあの社員、友人の息子なんですわ。おまえの会社で数年修業させてやってくれと頼まれて引き受けたので、③なんとかものにしてやりたいとつい厳しくなってしまいましてね。本人、頑張り屋で頭もいいのに元気がない。ここらでひと皮むけてほしいと思って、④喝を入れたんですわ」

「愛のムチじゃな。相変わらず優しいの」

「⑤私のことを優しいなんて言うの、博士だけですわ、ガッハッハ。またなんかあったらいつでも声かけてください。それから博士、もういい年なんですから、⑥身体には気をつけてくださいよ」

「うむ。今日は忙しいところすまなんだ。ありがとう」

（頼力さんが去り、助手が戻って来る）

---

③ビッグボスは仲間から頼られると、「よし、おれが！」と親分肌が自動反応で出てしまうのじゃ。

④力が特徴じゃからな。教育も、援助も、力でやってしまうのじゃよ。

⑤ビッグボスは基本、照れ屋なのじゃ。しかし、顔はうれしそうにほころんでおったの。

⑥本来の優しさが出ておるの。こそばゆいが、うれしかったわい。

「どうじゃった？」

「身体から発散される力には大きなものがありました。そして社員の方を思うお気持ちが正直意外でした」

「うむ、ビッグボスは誤解されやすいのじゃ」

「なぜビッグボスは誤解を生むまでの力を出してしまうのですか？」

「心の底にある無意識下の恐れと欲求に焦点を当てると、それがたちまち分かってしまうぞい」

ビッグボスは「他人にコントロールされること」を恐れている

ビッグボスは「他人に傷つけられ、コントロールされるのでは……」という無意識下の恐れを心の底に抱えています。

その恐れが生み出す無意識下の欲求は、「自分自身を守りたい」ということ。

自分自身を守るためには強くないといけないので、意識せずに「力」を発散させてしまいますし、常にタフで場の主導権を握っている限り、自分が守れるし、他人にコントロールされることはないので、親分的な発言や行動をしてしまうのです。

　そう、ビッグボスは親分でいたいのです。他人に苦しい顔を見せるなんてもってのほか。お金的な面でも気持ち的なことでも、他人からとやかく言われたり、自分のやり方を非難されたりすることに対して反発してしまいます。

　前章の繰り返しになりますが、無意識下の恐れも欲求も、自分の意識にのぼることはありません。だから、ビッグボスに「あなたは自分を守りたいと思っていますか？」と聞いたら「ノー」と答えるでしょう。

ビッグボスを操る鍵

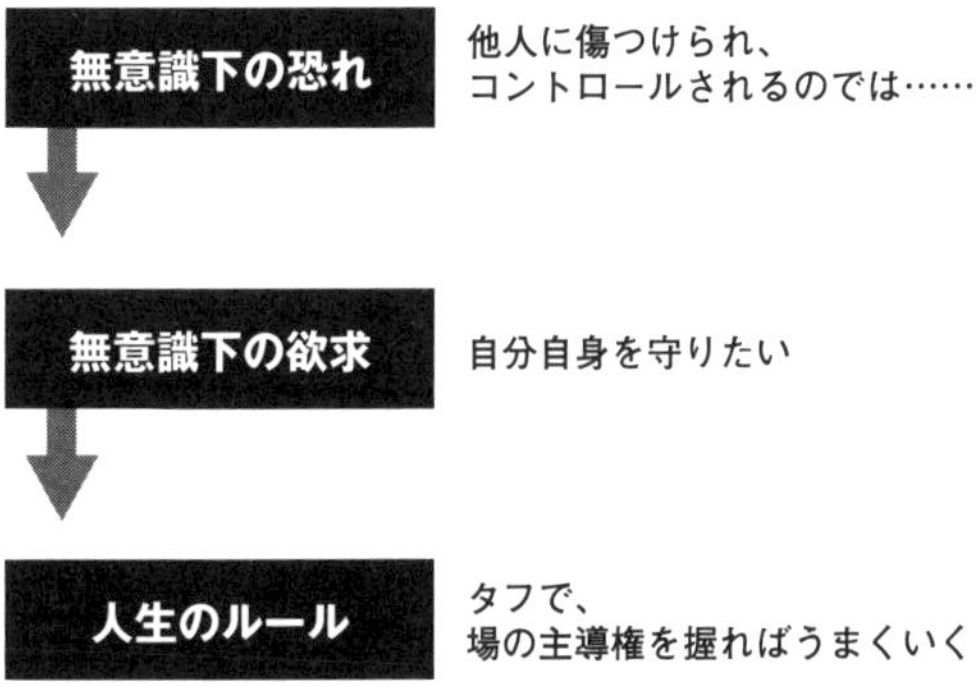
無意識下の恐れ
他人に傷つけられ、
コントロールされるのでは……
無意識下の欲求
自分自身を守りたい
人生のルール
タフで、
場の主導権を握ればうまくいく

代わりに、人生のルールを顕在化させた質問、たとえば「強者は生き残り、弱者は淘汰《とうた》される」という考え方についてどう感じるか尋ねてみてください。

多くのビッグボスが「それはそうだろう」と賛同してくれると思います（精神状態が悪いビッグボスは反発して、違う！　と言うでしょうが、この反発こそが「他人からコントロールされたくない」という無意識下の恐れからきています）。

同じように、発散している「力」についても、本人は意識していません。意識していないから、自分を「ビッグボス」のように認識していないということが非常によくあります。むしろ逆に、「センチメンタルである」という自己イメージを持っていることも多いので、本人が語ることだけではなく、外見や雰囲気、話し方などの客観情報を含めて総合的にエニアプロファイルをしてください。

「博士」

「なんじゃ」

「私、ビッグボスと聞いたとき、博士はこのタイプじゃないかと思ったのです。博士は私にとってビッグボスそのものですから」

「興味深い話じゃ。それで？」

「しかし、こうして教えていただいて違うと感じました」

「なぜそう思ったのじゃ」

「いくつか理由はありますが、一番違うと思ったのは話し方です」

「なんと!!　文章では絶対に伝わらないところを指摘したの!!」

「博士の声はどちらかというと高いし、しゃべるのも速いですから」

「うむ、いいところに気がついた。声のトーンや話すスピードは見落としてはならんポイントじゃ」

「それに博士は威圧的ではありません。私は、威圧的な人間には、嫌悪感を抱いてしまうのですが、博士に対してはそれがありません」

「威圧的な人間への嫌悪か。何か理由があるのかの？」

「おそらく私の父はビッグボスだとエニアプロファイルしましたが、父は私に対していつも威圧的で……私、正直言って父が苦手なのです」

「ビッグボスは、本来の優しい部分を素直に出せないところがあるからの」

「なにか解決策はありますか？」

「あるに決まっておろう。これはそのための本なのじゃから」

【禁断の心理話術】

ビッグボスには「パピー作戦」が活路あり！

ビッグボスは、いい意味でも悪い意味でも剛腕型。

仲間や家族を守るために火の中でも水の中でも飛び込む勇気や、「弱きを助け強きをくじく」気概を持っている心優しき力持ちなのに、剛腕な気性のせいで、「なんだか恐い」というイメージを他人に与えてしまいます。

会社で言えば、面倒見はいいけれど恐い上司やうるさい先輩。

経営者の場合は、飲みの2次会のスナックで隣の席が空いてしまうような人。

ビッグボスは、それをとても寂しく思っています。

自分が守りたい人々と、強烈な仲間でいたいと心の底で渇望《かつぼう》しています。

ビッグボスへの禁断の心理話術は、まさにここを突いていきます。

あなたに質問します。

面倒見はいいけれど恐い社長や上司や先輩を避けてしまうのはなぜでしょう？

嫌いだからではないですよね？

あり余る力に巻き込まれるのが面倒だからですよね？

であれば、その「力」を受け止めればいいだけです。

といって、ビッグボスのあふれんばかりの「力」を真っ正面から受け止めるのは、押し寄せるヌーの大群に逆方向から突っ込んでいくようなもの。踏みつぶされる危険しかありません。

では、どうすればいいか？

尻尾を振ってください、パピー（子犬）のように！

人は誰しも、尻尾を振ってくる子犬は可愛いものですが、ビッグボスにとってのそれは格別に、格段に人生のシュガー。警戒心が嘘《うそ》のようになくなり、大いなる味方になってくれます。

【ビッグボスへの禁断のキラーワード】

「叱ってください」

「勉強させてください」

ビッグボスは、本当はさみしがり屋なのです。

力にあふれ、敵を作りやすく、孤立することが多いくせに、心の底では「自分を守りたい」「愛されたい」と思っているのです。嫌われても平気という態度を取るわりに、悪く言われたことは忘れずに覚えていたりするのです。

だからこそ「パピー作戦」が有効です。

冒頭で紹介した内山さんがやったことは、本人いわく「いやぁ勉強になります」というキラーワードを繰り返しただけ。それで売上3倍ですから。

あなたが成功したいと思うなら、騙《だま》されたと思ってやってみてください。

「どうじゃ、ビッグボスへの禁断の心理話術は分かったかの？」

「頭では理解しました」

「では、実際にそれを試してみなさい」

「つまり、私が、頼力氏に保険をお薦めするということですよね？」

「いや、君は保険については無知じゃから計画書を渡せれば合格としよう。いけるかの？」

「自信はありませんが、エニアプロファイルを信じてやってきます」

「うむ、突撃してきたまえ！　おんどり屋にオンドリャーじゃ！」

「そのダジャレ笑えませんし、そもそもおんどり屋って……」

「博士！　なんですか！　またなにか用事ですか？」

「わっ！　頼力さ……」

「何度もすまんの。この若者が君に用事なんじゃ」

「博士の呼び出しだから仕方なく来たが、手短に頼むよ」

◆頼力さんへの助手の禁断の心理話術

「再度お呼び立てして申し訳ありません」

「①なんだ君は？」

「保険会社の弱田の代理で……」

「保険なんか興味ないぞ。それでもいいのか？」

「はい、率直に申し上げて今日は社長に②叱られに来ましたので」

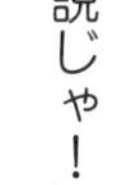

「解説じゃ！」

①乗り気じゃないと迫力を出してくるので恐いじゃろうが、腰が引けると見限られる。しっかりと目を見て話すことが重要じゃ。

②早めにキラーワードを出したのは正解じゃったな。これで頼力君の肩から力が抜けたわい。

「はっ？　叱られにだと？」

「はい、弱田から社長がエレベーターで若い社員さんを叱咤《しった》されたと伺いまして」

「③またその話かい」

「申し訳ありません。私としてはとても羨《うらや》ましかったので」

「羨ましい？　なんじゃそれ？」

「弱田から聞いたとき私、びっくりして、④正直言うと恐い社長だなと思ってしまったのですが、あとから考えると叱られた方はそれで1つ成長できたわけで、それに人は誰しも怒って嫌なイメージを持たれるのを避けるのに、⑤あえて小言を言われた社長は素晴らしいなと思ったのです」

「⑥最近はみんな小言を言わなくなったからな」

「それで大変失礼だと思ったのですが、私も社長に⑦叱っていただきたいと」

---

③主導権を守れない話題に触れたため自動反応で、力で反発してしまったのじゃな。

④この発言はあっぱれじゃ！　相手にとって不利益になる発言でも、真っすぐに心から伝えるとビッグボスには響くのじゃ。助手君、ナイス勇気じゃ！

⑤ここも助手君のナイス展開じゃ。ビッグボスは腹からくる直感に従って行動しておるからの。こうして行動を理論的に褒められるのは、あらためて自分でも腹に落ちて相当気分がいいはずじゃ。

⑥同意！　これが出るということは、助手君に心を開きかけたということじゃ。

「ガッカッハ、いきなり叱れって言われても、そりゃ無理だよ」

「そう思いまして、ご依頼いただいてもいない保険の計画書を勝手に作ってお持ちしました。どうぞこれをネタに私を叱ってください」

「叱ってください、叱ってください、って⑧変なヤツだな」

「私の会社はご存じの通り外資系なので、文化のせいなのか叱ってくれる上司がいません。⑨本当に先日の若い方が羨ましかったのです」

「まぁな、おれの⑩若い頃なんて叱られてなんぼだったからな」

「社長のお若い頃の話ですか！　とても興味があります。⑪ぜひ聞かせてください」

「おれの若い頃な、おれはもともと～」

（ここから約30分昔話が続く）

---

⑦そこでたたみかけるキラーワード！　助手君、やるやる！

⑧助手君、よくやった！　保険には興味がないと言っておった頼力君じゃのに、提案書を出されても拒否しておらん。心の底にかなり潜れた証拠じゃ！

⑨そこをさらに潜っていきおった。きっと頼力君の無意識は「場の主導権」を完全に確保したと判断したのじゃなかろうかの。

⑩多くのビッグボスは、「若い頃」の話を語りたくて仕方がないのじゃ。しかし、あらゆる機会に語りすぎて、もう誰も聞いてくれん場合が多いのじゃがな。

⑪ナイスじゃ～、助手君！

「⑫勉強になります。ありがとうございます」

「⑬おればっかり話しちゃったな」

「ありがとうございます。いい話を聞かせていただいて、本当に⑭勉強になっています」

「で、なんだっけ？」

「もしまだお時間が許すなら、この保険の計画書をご覧いただき、叱っていただければ」

「保険ね。そうだな……君、今夜時間あるか？ ⑮メシでも食いに行かないか？」

「誘っていただけるんですか！ うれしいです。もちろん⑯お供します。⑰勉強させてください」

「じゃあ、19時にまた。こいつはそれまでに目を通しておくよ」

「よろしくお願いします！」

---

⑫自慢話を、キラーワードを挟みつつ、心から聞く。これ、ビッグボスにとってはまさに人生のシュガーじゃな。

⑬この言葉が出たら、禁断の心理話術成功じゃ。

⑭助手君、たたみかけるのう。しかし、調子に乗ってはいかんぞい。あくまでもパピーであることを忘れてはならん。

⑮この言葉は「おまえに仕事をやる」ということとほぼ同義じゃ。

⑯じゃから、なにがあってもお供せよ！

⑰一番正しい使い方じゃの。

「なかなかどうして見事じゃないか！」

「いえ私の力ではありません。エニアプロファイルのおかげです。しかし、こんなにうまくいくとは私も驚きました」

「エニアプロファイルは、自分でも気づいていない気質に訴えかけるから強力なんじゃ」

「では、私も父にこのように話しかければ、苦手意識は消えるのでしょうか？」

「エニアプロファイル的に言えば、消えると言えよう。お父上に、叱ってくださいと言ってみるんじゃな」

「……いや、それは、難しいです」

「まあの、祖父とはうまくやれても、父親とは揉《も》めるもんじゃからな」

「そういうものなのですか？」

「うむ、昔からよく言うではないか。祖父とはソフトな関係、とな（大笑）」

「博士」

「なんじゃ」

「次に進みましょう」

【エニアプロファイル2】おせっかいなフレンド「スマイリー」

「世話焼きの友達」

「面倒見がいい知人」

「頼んでもいないのに、いろいろやってくれる同僚」


あなたの周りにも、こういう人いませんか？

悩みや相談に対して親身になって考えてくれたり、味方になって一緒に頑張ってくれたり、友人や知り合いも多いのでいろいろな人を紹介してくれたり。

スマイリーは、そんな人たち。

応援し助けてくれるタイプなので、ビッグボスと同じように、味方につけると非常に頼もしい。反面、とても繊細で、機嫌を損ねると厄介《やっかい》なことになるので、気をつけて接しないといけません。

「君にとっては大切なタイプがいきなりやってきたの、ぬふふふふ」

「その含み笑いはどういうことでしょう？」

「パン屋の娘じゃよ」

「笑さん、このタイプなのですか！」

「いつも笑顔で、困っている人がほっておけなくて、話しやすいがいったん話し始めるとなにが言いたいのか要領を得なくて、おせっかいな一面もある」

「たしかに、すべて笑さんに当てはまります」

「うむ、では君の憧《あこが》れの彼女を、スマイリーの代表としてみなさんにご紹介しようかの」

「ライバルが増えそうで恐いです」

「はてして本当に増えるのか、乞うご期待で、ご登場願おう！」

それではご紹介いたしましょう。

人間関係がなによりも大切で、笑顔が絶えないスマイリーこと、笑《えみ》押恵《おしえ》さんです（次ページ参照）。

スマイリーの特徴（笑《えみ》 押恵《おしえ》氏）

【体型】

●どちらかというと
ポッチャリ体型

【雰囲気】

●笑顔

●フレンドリー

●明るい雰囲気

●優しいオーラ

【声の高さ】

●地声ではなく作った声

【話し方】

●柔らかな話し方

●ストーリー調の話し方

●話の要領を
得ないときが多い

【話すスピード】

●話し相手と話の
内容によって変わる

【しぐさや表情】

●あいづちが多く、大きい

●表情が豊か

【よく口にする言葉】

●「〜してあげる」

●「〜してあげようか？」

●「どうしたの？」

●「一緒に」

●「感謝」

●「心」

●「おかげさまで」

【その他の特徴】

●距離感が近い

●面倒見がいい

●よくプレゼントをくれる

●他人の誕生日や家族などに
ついてよく知っている

●エネルギーは胸のあたりにある

明るくて、フレンドリーで、いつも笑顔を絶やさないのがスマイリー。

国でたとえるなら、微笑みの国タイランド。看護師さんとか、保育士さんとか、人を助ける仕事の方に多く見られるタイプです。


スマイリーにとって、人生でもっとも大切なのは人間関係。

他人との垣根がものすごく低い人っていますよね？

知らない人でも声をかけるのに躊躇がなく、初対面でもいろいろ助けてくれる人。

たとえば、電車で隣に座った人が小さな子供連れだったりすると「可愛いねぇ」と気軽に話しかけるとか、いつも鞄の中にキャンディが入っていて元気のない人がいたら「飴《あめ》ちゃん、どう？」と差し出すとか、道で転んでしまった人がいると真っ先に駆け寄って手を差し伸べるとか……。

ビジネスで言うなら多く人を紹介してくれる方ですし、恋愛関係なら自分のことをあと回しにして相手を気づかう人ですし、友人や知人ならどこまでも親身になって相談に乗ってくれる、そんな最高のフレンド、最高のパートナーがスマイリーです。

自分の欲求より相手の気持ちを先に考えてしまうので、人を押し退《の》けて上を目差す芸能界には、それほどたくさんのスマイリーがいるわけではありません。かき集めてやっと以下の方々という感じのため、ビッグボスの人物例に比べると統一イメージに欠けてしまいますが、それでも共通するスマイリーな雰囲気は感じていただけると思います。

【人物例】
萩本欽一／永六輔／関根勤／やなせたかし／黒柳徹子／大竹しのぶ／吉永小百合／森光子／畑中葉子／柳原加奈子（敬称略）

●――スマイリーはどのような発言や行動を取るのか？

では、スマイリーは、実際にはどんな発言や行動をしているのか。笑押恵さんにまつわるエピソードを1つご紹介しましょう。

「北欧系の雑貨店を経営している困田と申します。

近所のパン屋さんで働いている笑さんは昔からのとてもいいお客様で、ご自身が北欧雑貨を好きということもあるのでしょうが、ご自身用だけでなく、プレゼントのご用でもたくさんお買い上げをいただいています。

またお友達もたくさんいらっしゃって、ありがたいことにご来店の折にはいつもお友達とご一緒で、私にご紹介くださり、商品のお薦めまでしてくださいます。なぜこんなに良くしてくださるのかまったく分からないまま、ただただ感謝をしておりました。

ことが起こりましたのは、展示会のご案内で電話を差し上げたときです。

弊店では半年に一度、外に会場を借りて大きな展示会を行っておりまして、良くしていただけるお客様には電話でお知らせをしております。もちろん笑さんにも電話を差し上げました。するとこうおっしゃったのです。

『ちょっと体調を崩しちゃってて、今回はごめんなさい』

その声に元気がなかったので、笑さん、相当具合が悪いのだなと思いました。

『大変なときにすみませんでした。どうぞご自愛ください』

そう言って、電話を置こうとしました私に、

『友田さんと達田さんには行くように声かけてみますね』と笑さん。

しかし、体調を悪くされている笑さんに、無理をさせることはできません。

『お気持ちだけありがたくいただきます。いま笑さんには体調を整えていただくことが一番です。展示会のことは忘れていただき、どうぞゆっくりとお休みください』
そう言うと『そう、なの……』と、とても悲しそうにおっしゃり、電話を置かれました。そのときの様子が気掛かりで、後日電話してみたのですがつながりません。
そのうちにご来店になった笑さんのお友達から『押恵ちゃん、あなたのことでショック受けていたわよ』とお聞きし、それが私にとっては大きなショックとなりました」

「私、笑さんから、北欧系の雑貨をもらったことあります」

「ほう、どんなものじゃ？」

「素敵なブックカバーです。笑さんセンスありますよね！（見せる）」

「それ、わしももらったぞい（見せる）」

「……」

「プレゼントはスマイリーにとっては挨拶のようなもの。気にするでない」

「……」

「助手君！　そんなことを気にする時間があるのなら、なぜ彼女がショックを受けたのか、心理の学徒として探求しなさい」

「……この時期に、別れ話を切り出されたのだと思います」

「それは展示会の案内電話をもらった時点の話じゃろ？」

「はい」

「そうではなく、話をしたあとにショックを受けた理由じゃよ」

「それは……分かりません。私には非《ひ》の打ちどころのない応対に思えます」

「たしかに。相手がスマイリーでなければ、どこにも問題のない応対じゃ。では彼女の心の中でどんな気持ちが起こったのか、ここも本人に聞いてみようぞ」

「私は、退席して観察していればいいでしょうか？」

「うむ、そういうことじゃ。ではお呼びしようかの。押恵ちゃ～ん！」

「なっ、なまえ！」

（助手が去り、笑さんがやって来る）

「……博士、こんにちは……」

「解説じゃ！」

「なんじゃ、気分がすぐれんか？」

「私、そんなに①暗い顔してます？」

「いつもが飛びきり明るいからの。普通でも暗く感じてしまうのじゃ」

「②はぁ（ため息）」

「雑貨屋の店長も気にしておったぞ」

「そのことなんです。私、今回展示会行けなくて、③代わりにお友達に行ってもらおうとしたんだけど、それはいらないって言われて。④必要ないのかな、私って……大好きなお店だったから、もうショックで……」

「じぇんじぇん違うぞい」

「違う？」

「店長は押恵ちゃんが来てくれないと泣いておるのじゃからな」

「ってことは私、⑤またお店に行ってもいいんです

---

①②スマイリーは人間関係がうまくいっていないと、あからさまに態度に現れるから分かりやすいの。

③自分がどんな状態でも相手の役に立つことをしてしまう。スマイリーらしい自動反応じゃな。

④こちらが何げなく言った言葉でも「見捨てられた」ように感じてしまうのじゃ。これについては、このあと詳しく説明しよう。

⑤ここで明らかに表情が変わったの。表情豊かなものもスマイリーの特徴の1つじゃ。

か？」

「店長は心からそれを望んでおるよ」

「よかったぁ！ ⑥ありがとうございます（笑顔）」

「押恵ちゃんには、その笑顔が似合うわい。詳しいことはあとから助手君に説明にさせるからの」

「ありがとうございます！ 失礼します」

（笑さんが去り、助手が戻って来る）

「笑さん喜んでましたね」

「けれどまだ足りぬ。彼女に本来の笑顔を取り戻してもらうのは君の役目じゃ」

「はい、頑張ります。しかし、どうしたらいいのでしょう？」

「いまの話を聞いておったんじゃろ？」

「はい」

「なにを感じた？」

「見捨てられ感、でしょうか。それも現実ではなく、笑さんが笑さんの中で勝手に

⑥自分が元気がないときでも、わしを気づかって笑顔を見せる。これもまたスマイリーの特徴の1つじゃな。

作り上げた幻想の見捨てられ感です」

「愛であたしはアイデア足し」

「？　なんでしょうか、それ？」

「ピタリ正解とは愛は偉大じゃ、ということをシャレで言ってみたのじゃ」

「笑いどころが分からず、申し訳ありません」

「君も押恵ちゃんと同じく、いま心に余裕がないのかもの」

「いまは笑さんを笑顔にすることだけで頭がいっぱいで……」

「仕方がないのう。ではスマイリーの気質の中身を説明するから聞きなさい」

スマイリーは「あるがままの自分では愛されないこと」を恐れている

スマイリーは、人と濃密につながり「愛されることを」を無意識的に求めています。

だから、ほかのタイプに比べて圧倒的に距離感が近い。初対面でもかなり近い。

けっこう早い段階でプライベートにグイグイ入ってきますし、会話は概して長い。

自分と話したことで相手が元気を出してくれるのがうれしいので、たとえ自分に用事があったとしても、「じゃあ用事があるので」と言えず、結果、会話が長くなってしまうのです。

なぜスマイリーがこのような行動を取るかと言えば、「あるがままの自分では愛されないのでは……」という恐れを無意識下に抱えているから。そこから「愛されたい」という欲求が生まれ「人から必要とされ、愛されればうまくいく」を人生のルールとして生きています。

献身的に相手のために動いたり手助けしたりするのは、このルールに従った行動なのです。

繰り返しますが、これは意識的にやって

スマイリーを操る鍵

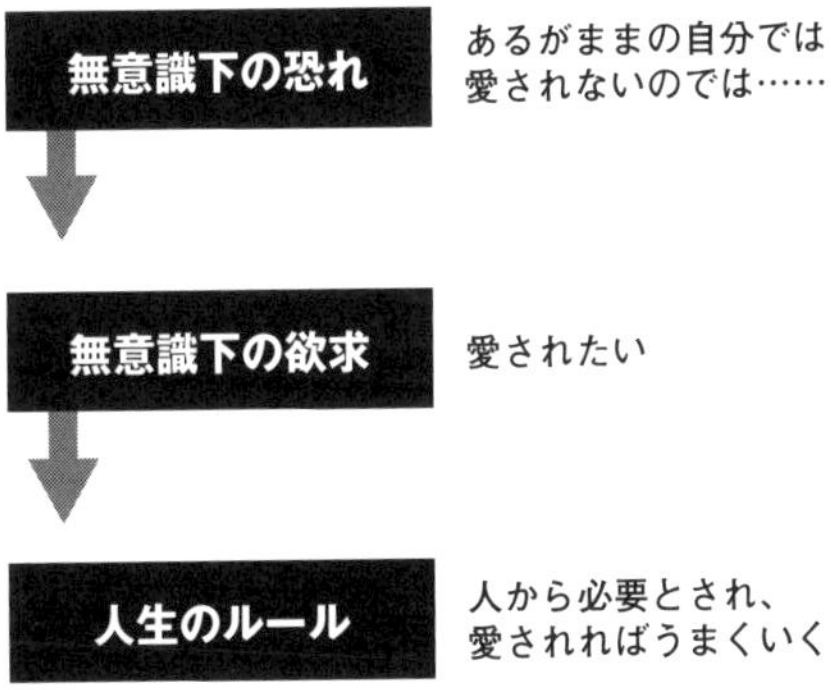
無意識下の恐れ
あるがままの自分では
愛されないのでは……
無意識下の欲求
愛されたい
人生のルール
人から必要とされ、
愛されればうまくいく

いるわけではありません。まったく意識せず自然反応的に動いてしまっています。自然反応的に、ほかの人が必要としているものはなにかを気にしたり、相手の好き嫌いとか夢や希望をチェックしてしまうのです。

また「愛されたい」という欲求が心の底に貼りついているため、批判や拒絶には、敏感に反応します。こちらがそれほど強い気持ちで言ったのではないとしても、批判や拒絶の言葉を浴びると「見捨てられた症候群」に陥ってしまうのです。

笑さんの事例がこの典型。

彼にふられて「自分には価値がない」と自信を失っているところだったので、雑貨店の店長の言葉が「もうあなたは必要ない」と聞こえてしまい、裏切られたような寂しい気持ちになってしまったのです。

「ものすごく納得のいく説明でした」

「どのあたりがじゃ？」

「笑さんは、私に対しても、健康や食事を気にしてくれたり、お弁当を作ってくれたり、そのときも好き嫌いを気にしてくれたり、まさに説明通りです」

「それがスマイリーの性《さが》じゃからな」

「その行動が【愛されていること】の確認からきているとは思ってもみませんでした」

「なぜじゃ？」

「笑さん、そのようなことをひと言も言ったことがないので」

「当たり前じゃ！　これまでなにを学んでおった！　無意識下の恐れを本人は自覚しておらん。つまり本人から言葉として出ることはないのじゃ！」

「そうでした。大切な部分を見失ってしまい申し訳ありません」

「スマイリーは、【ドラえもん】なのじゃよ」

「……体型、のことですか？　笑さん、愛らしいドラえもん体型ですし」

「性格のことじゃ！　さらに言えばムーミンママとも言える」

「……やはり、体型、ですよね」

「じゃから違うと言っておろう。ドラえもんがのび太くんを助けるように、ムーミンママがムーミン一家を支えるように、スマイリーは周りの人を愛情深く助けるのじゃ」

「なるほど、理解できました。となりますと、博士」

「なんじゃ」

「博士はスマイリーでもありませんね」

「いまの会話の流れからそれを聞くと、わしに愛情がないように思えるが？」

「そういう意味ではありません。私は博士からたくさんの愛情をいただいております」

「ではどういう意味でわしをスマイリーではないと言ったのじゃ」

「博士は明るいですが、お世話を焼くタイプではありませんから」

「うむ。そんな時間があれば、わしは自分の研究をするからの」

「その研究成果としての、スマイリーへの禁断の心理話術を、存分に教えてください！」

【禁断の心理話術】スマイリーには「ありがとう！ ありがとう！ ありがとう！」で押せ！

スマイリーに対するとき絶対に忘れてはいけないのは、親切やサポートの裏側に

人間関係が大切なスマイリーじゃからな。
口先だけの言葉は見抜ぬかれて、逆効果となるから気をつけるのじゃ！

「愛されたい」という強烈な想いが刻み込まれている、ということ。

「お世話する↓感謝される↓さらにお世話する↓愛してくれる」というディープな関係のへのステップが、スマイリーの理想像なのです。だから、自分がした親切やサポートに「ありがとう」と言ってもらえないと深く傷つくし、状態が悪いと相手のことを嫌い始めます。

スマイリーには、感謝をしっかり伝えましょう！

してもらった親切やサポートに口先でなく、心から感謝をして「ありがとう」と目を見て声に出して、ちゃんと伝えましょう！

「愛されたい」という無意識下の欲求を抱えるスマイリーには、「あなたのことを思っています」「あなたのしてくれたことに心から感謝しています」と過剰なくらいに伝えてちょうどいいのです。

具体的にいきます。

スマイリーと会話をするとき、きちんと会話と向かい合ってください。

スマイリーは「ながら会話」をされたらいい感情ではいられません。自分が必要とされていないと感じ、自己否定に陥ってしまうかもしれません。しっかり話を聞いている証《あかし》として、たくさんうなずきながら聞いてください。それも笑顔でやってください。それだけでもスマイリーにとって印象深い人になります。

また、スマイリーは言葉で論理的に考えることは苦手です。

話している内容よりも、話し方やしぐさや表情で伝えようとします。

話に論理性を求めるのではなく、スマイリーが伝えようとしている感情に関心を払って、気持ちに寄り添うように聞いてください。

スマイリーからプレゼント（手作りの料理も含む）をもらったときは、それがどんなものであれ、まずは心からの感謝を示してください。

スマイリーにとってプレゼントは特別なもの。相手のことを真剣に考えて選んでいます。軽く扱うようなマネはしないでください。趣味と違うからとか、食欲がないからといった理由で受け取りを拒否するなんて言語道断。こちらがそんなつもりはなくても、「おまえは必要ない」の意思表示と受け取る可能性があります。

どのような理由があるにせよ、まず「ありがとう！」と心からの感謝を！

感謝の「ありがとう！」より大きなご馳走はスマイリーにとってはないのですから。

【スマイリーへの禁断のキーワード】

「ありがとう！」

「あなたのおかげです」

「スマイリーへの禁断の心理話術は分かったかの？」

「分かりました」

「では、押恵ちゃんのところに行ってきなさい」

「あの、博士」

「なんじゃ？」

「なぜ博士は笑さんのことを名前で呼ぶのですか？」

「親しみが出るからに決まっておろう。親しみはスマイリーの好物じゃぞ」

「なるほど、エニアプロファイル上のことだったのですね！」

「ほかにどんな理由があるというのじゃ。君も名前で呼んだらどうじゃ」

「そうですね、そうします！」

◆押恵さんへの助手の禁断の心理話術

「笑さん、いえ、押恵さん、こんにちは」

「助手さん、こんにちは。①名前で呼んでくれて、うれしいです。ありがとうございます」

「こちらこそ、そんなことでお礼を言っていただき②ありがとうございます。今日は雑貨店の困田さんのことで来ました」

「私、困田さんには、とても悪いことをしちゃいました……」

「とんでもありません。困田さん、押恵さんには感謝されていましたよ」

「感謝、ですか？」

「（③たくさんうなずいて）はい、困田さんと私で

「解説じゃ！」

①もちろん、時と場合によるが、人との距離が近いほうが安心するスマイリーには、基本的には親愛の情がより表現できる呼びかけをしたほうがよいぞ。

②「ありがとうございます」は、どれだけ言っても言いすぎにはならぬ。ことあるごとに言うがよいぞ！

③ナイスじゃ、助手君！ スマイリーは感情で物事を判断するからの。ここで論理的な説明をしてしまうと、せっかく開きかけた心を閉ざしてしまうことになる。スマイリーの

押恵さんの話をしている間中、④ありがとうございます！ ありがとうございます！って何度もおっしゃっていました」

「困田さんと助手さんが私の話を……きっと⑤良くない話でしょうね……」

「全然違います。2人してベタ褒めです。恥ずかしいので隠していましたが、実は私たち押恵さんのファンなんです」

「私のファンなんて、そんな、⑥ありもしない話はやめてください」

「本当です。私たち、押恵さんの大ファンです」

「⑦なぜ？ 私なんかの？」

「押恵さん、いつもご自分のことより、困田さんとか私とかうちの博士とか、周りの人のことを第一に考え⑧助けてくれてますよね。ちゃんとお礼を言えてませんでしたが、いつも本当にうれし

心の底に潜るには、「あなたのことをちゃんと受け止めています」という心を込めたうなずきが有効と、よく思い出したの。あっぱれじゃ。もう少し笑顔が出せたら満点じゃったがの。

④このたたみかけも素晴らしい。エニアプロファイルではなく、愛ゆえかもしれんがの、ぬふふ。

⑤⑥⑦スマイリーは自己評価がものすごく低いのじゃ。今回のように落ち込んでいるスマイリーじゃと、ちと面倒くさいくらいに低いこともある。ここは、しっかりと心に寄り添えるかがポイントじゃ。

⑧助手君、やるのう。理屈じゃなく具体例を出し、さらに「あなたのおかげです」というキラーワードの変形を繰り出した。これもあっぱれじゃ。

く思っています。押恵さん、⑨いつもいつもありがとうございます!」

「……」

「押恵さん? どうかされましたか?」

「(⑩少し泣き声で) ありがとうございます」

「そんな、そんな、⑪こちらこそありがとうございます。私たちはいつも押恵さんに⑫支えられているのです。いまは体調が悪いかもしれませんが、また押恵さんの笑顔に会えることを楽しみにしています」

「うれしいです」

「困田さん、押恵さんに⑬嫌われてしまったのではないかと心配されています。押恵さんのファンですから。元気になってからでいいので、またお店に行ってあげてください」

「はい。近いうちに行ってみます」

---

⑨ノってきたようじゃの。よいぞ、「ありがとうございます」は、どれだけ繰り返してもよい。

⑩スマイリーは、多感なのじゃ。

⑪お礼にお礼を重ねて、お互いがディープにつながり合っていく。スマイリーの心の底に潜り始めたの。

⑫ここも「あなたのおかげです」というキラーワードの変形じゃの。

⑬心の底に潜りスマイリーとつながったら、要件を切り出しても大丈夫じゃ。最初のうちは懐疑的じゃったが、心の底を温められたいまなら、素直に受け止めてくれるじゃろう。

「よかった！」

「なにがですか？」

「押恵さんに少し元気が出て」

「はい、ありがとうございます。⑭助手さんのおかげです」

「とんでもないです。こちらこそ、これまでたくさん、⑮ありがとうございます！ ありがとうございます！ ありがとうございます！ またパンを買いに行きますので、早く元気になってくださいね」

「これまた見事じゃ。あっぱれじゃ！」

「押恵さんが元気になっていくのが分かりました。エニアプロファイルに感謝しております」

「君の愛の力もパン屋なかった、いや、半端なかったぞい」

---

⑭助けてくれた相手には、さらに大きなお返しをするのも、スマイリーの自動反応じゃ。

⑮そこでさらにお返しのお礼をすることはたしかに重要なのじゃが……これはさすがに助手君、はしゃぎすぎじゃな。

「たしかにここまではうまくいったのですが……」

「どうしたのじゃ？」

「このあと、彼との復縁について本格的に相談されました……」

「それで君はそれを解決しようとした。ところが、君が話すほど押恵ちゃんはへこんでしまった」

「その通りです」

「それはのう」

「はい」

「解決しようとしたからダメなのじゃよ」

「なぜですか？　相談なのですから、解決のアドバイスをするのが筋かと」

「では聞くが解決のアドバイスとはなんじゃ？　概して言えば【いまできていないこと】を【やるといい】というものじゃろ。違うか？」

「はい、そうだと思います」

「押恵ちゃんはいま【自分には価値がない】と自信を失っておるのじゃろ？　自分を否定しておると言ってもいい。そんなときに【できていないこと】を指摘されたらどうなる」

「あっ！」

「分かったか」

「はい。さらに自信を失い、自分には価値がないとなおさら思います」

「その通りじゃ。では、どうするのじゃ」

「分かりません。相談を持ちかけられてアドバイスをしないとなると……」

「話を聴いてあげればよかろう。とにかくたくさんうなずきながら【気持ち】に寄り添い、理屈で説得しようとせず、聞き手に徹してくるがいい」

「分かりました。やってみます！」

「スマイリーは理屈やルールをより【気持ち】を優先すること、忘れるでないぞ」

●——【エニアプロファイル3】気難しい専門家「シンカー」

The Thinker ＝考える人。

ロダンの有名な彫刻と同じ名前を持つシンカーは、「考えることが大好き」な「ある分野に秀でた知識」を持つ、「気難しそう」なタイプ。

自分の頭の中に王国を持ち、内面に潜って思索をする。学科で言うと理系。職業で言うと研究者や専門家に多く見られるタイプです。

シンカーの独特感も突き抜けたものがありますので、エニアプロファイルのしやすさという面では、ビッグボスと並んで容易です。

しかしシンカーは、気質的に人づき合いが得意ではないので、ビッグボスやスマイリーのように分かりやすい禁断の心理話術はありません。

というか、とても難しいです。しかし、全タイプの中でもっとも知識が深く、一度信用を得ると裏切ることが少なく、大きな力となるタイプです。しっかりと学んでください。

「わしらの周りには多いの。あの教授とか、あの先生とか」

「はい、シンカーと思われる方がたくさんいます」

「その中から、シンカーの代表として深知《ふかち》君を呼んでおいた」

「心理磁気学の世界では権威と言われる、あの深知教授ですか！」

「うむ、ジキジキに来てもらっておる」

「ぷっ！　博士、それ面白いです！」

「押恵ちゃんのことがうまくいっておるのか、気持ちに余裕があるの」

「いえ、押恵さんのことはなにも進んでおりません。ただ、ここまでエニアプロファイルの驚くほどの効果を体験し、早く先が知りたいとワクワクしていることは確かです」

「学徒としてもっとも正しい姿じゃ」

「ありがとうございます」

「まだまだ深知君の研究心の足元にも及ばんがの」

「深知教授から学ばせていただきます」

「うむ、では深知君、カモンじゃ！」

それでは、ご紹介いたしましょう。

人づき合いが苦手なインテリ、シンカー深知 壁《かべ》さんです（次ページ参照）。


いやはや、なんとも気難しそうな方が登場しました。

この「気難しそう」とか「インテリっぽい感じ」がシンカーの主印象。

知識や思考を貯め込む、典型的な思考型だからです。

その特徴から「先生」「教授」とあだ名されることが多いシンカーですが、他人と気持ちを通わせるのがとても苦手。人にガンガン関わっていくビッグボスやスマイリーとは真逆で、少し距離を置いたところから静かに見守ることを心地よく感じるタイプです。


たとえば、ご近所グループでＢＢＱをするとしてください。

ビッグボスは大声で仕切るでしょう。

スマイリーは料理の世話をするでしょう。

その周りには人が集まっているに違いありません。

シンカーの特徴（深知《ふかち》 壁《かべ》氏）

【体型】
- 痩せ形が多い

【雰囲気】
- 暗い
- 沈着冷静
- 頭が良さそう
- なにを考えているか分からない
- 黙って集団の端に立っている感じ

【話すスピード】
- 話し出すととても速い

【よく口にする言葉】
- 「つまりどういうこと？」
- 「具体的には？」
- 「筋道」
- 「事実」
- 「論理的」
- 「観察する」
- 「分析する」
- 「構造化する」

【声の高さ】
- 声は高め

【話し方】
- 淡々と自分の考えを理性的、分析的に話す
- 初対面で自分から積極的に話すことはない
- 専門分野の話になると人が変わったように熱弁をふるう（エンドが見えないほど）

【しぐさや表情】
- 無表情
- うなずきも少なく、しぐさも多くない

【その他の特徴】
- 感情の起伏が少ない
- 雑談が苦手
- 皮肉屋っぽい感じ
- 人の気持ちに無関心に見える
- エネルギーは頭にある

シンカーは、グロテスクなものに専門知識を持つ場合も多くある。全タイプの中で、一番「死」を身近に感じているからじゃ。

ふと見ると、少し離れたところで静かにそれを眺《なが》めている人がいます。

それがシンカーです（あるいは「自分の得意なこと」を通して関わっているかもしれません。たとえば、ネットに詳しい人はＢＢＱの様子をユーストリームで配信するとか、ジャンベ（西アフリカの太鼓）が得意な人は叩いて盛り上げるとか、特異な料理が得意な人はバルバドス名物のカウカウを作って振る舞うとか、です）。

シンカーは、一般的には高学歴が多いですが、そうでない場合でも「ある分野」に専門的な知識を持っています。

同じ特性から、いわゆるオタクにもシンカーが多くいます。

次に挙げる人物例からも、このあたりの匂いは嗅ぎつけていただけるでしょう。

【人物例】

坂本龍一／佐野史郎／荒俣宏／小泉純一郎／栗原類／羽生善治／荒川静香／富永愛／椿鬼奴／たかまつなな（敬称略）

●──シンカーはどのような発言や行動を取るのか？

では、シンカーは実際にはどんな発言や行動をしているのか。

深知壁さんにまつわるエピソードを見ていきましょう。

「私は心理磁気学協会で営業を担当しております浅田と申します。営業担当と言いましてもフルコミッションに近い契約ですので、深知教授が研究している知見を商品としてまとめ、それを自分で販売しないとサラリーがほとんどでないシステムです。

おかげさまで深知教授の研究成果は、すべての業界が喉《のど》から手を出して欲しがる知見のため、商品としてまとめることができさえすれば、販売するのは難しくありません。

商品としてまとめることができさえすれば、です。

ご存じの通り、うちの協会は深知教授が絶対で、どんな小さなことでも教授のゴーサインが必要です。深知教授の知見を販売している以上、それは当たり前のことなのでいいのですが、困っているのは教授がなかなか私の提案を通してくれないところ。

しかも、なぜ通してくれないのかを尋ねても「自分で考えろ」しか答えてくれないのです。分からないから聞いているのに、そう言われたら途方に暮れるしかありません。

深知教授は、たしかに素晴らしい頭脳の持ち主です。教授がこの世に紹介した研究のすべてが人類の役に立っていますし、それでも奢《おご》らず研究一筋に打ち込む姿勢は尊敬しています。だからこそ、少しでも多く販売をして協会にお金を入れたいと思っています。

しかし思っていても、商品がないのではなんともなりません。それに深知教授は日頃から極端に口数が少ないし、飲みに誘っても絶対に断られるし、関係ないかもしれませんが性格が暗いっていうか、感情がないっていうか、ほとんど表情も変わらないので、なにを考えてるのかまったく分かりません」

「同じような立場として、助手君、なにかアドバイスはあるかの？」

「深知教授と博士はまったくタイプが違うので、アドバイスは難しいです」

「どういうことじゃ？」

「博士には押恵さんと同じ明るい印象があり、気難しいとは無縁です。同じ研究者でも博士はシンカーではないとプロファイルしております」

「鋭い分析じゃ。加えて言うなら、わしのオープンなところも、知識の出し惜《お》しみをするシンカーとはまったく違うところじゃの」

「知識の出し惜しみ？」

「シンカーは知識だけではなく、エネルギー全般の出し惜しみをするの」

「なぜなのですか？」

「自分の持っているエネルギーには限りがあり、その限られたエネルギーは興味あることにのみ使いたいと思っておるからじゃ」

「深知教授が着たきり雀なのは、だからなのですね」

「着たきり雀とはまた昭和な言葉を知っておるの」

「いまふうに言うと、ミニマリストでしょうか」

「うむ、シンカーは物質的には最低限で生きていきたいと思っておるからの」

「そんなところにこだわりがあるのですか！」

「むろん無意識レベルなので、自覚はしておらんぞい。では例によってこのへんで、深知君に登場いただくとしようかの」

「では、私はいつものように観察させていただきます」

「深知君、出てこいや！」

（助手が去り、深知さんがやって来る）

「わざわざすまんの」

「①いえ」

「君のところの浅田君、困っておるようじゃぞ」

「②あれはバカですから」

「君に言わせたら世界中の人類はすべてバカじゃろう」

「浅田は特にバカです」

「なぜじゃ？」

「③余計な話ばかり長い。④きっとみんな喜びます、とか数値化できないことばかりをダラダラ話す」

「人の心理とはそういうものではないのか？」

「私は先頃、それを磁気によって数値化するのに

「解説じゃ！」

① 必要最小限の返事しかせぬあたりシンカーっぽいの。

② シンカーは自分にストレスがかかっておると、自分以外の周りの人間がバカに見えてしまう傾向があるのじゃ。

③ ミニマリストのシンカーは無駄話も嫌いじゃからな。

④ 人の感情に対しての考え方がよく出ておる発言じゃ。

郵便はがき

料金受取人払郵便

牛込局承認

1022

差出有効期限
平成29年5月
31日まで

162-8790

東京都新宿区揚場町2-18
白宝ビル5F

フォレスト出版株式会社
愛読者カード係

フリガナ お名前	年齢　　　歳 性別（ 男・女 ）
ご住所　〒 ☎　（　　　）　FAX　（　　　）	
ご職業	役職
ご勤務先または学校名	
Eメールアドレス メールによる新刊案内をお送り致します。ご希望されない場合は空欄のままで結構です。	

フォレスト出版の情報はhttp://www.forestpub.co.jpまで!

フォレスト出版　愛読者カード

ご購読ありがとうございます。今後の出版物の資料とさせていただきますので、下記の設問にお答えください。ご協力をお願い申し上げます。

●ご購入図書名　「　　　　　　　　　　　　　　　　」

●お買い上げ書店名「　　　　　　　　　　　　　」書店

●お買い求めの動機は？

1．著者が好きだから　　　　　2．タイトルが気に入って
3．装丁がよかったから　　　　4．人にすすめられて
5．新聞・雑誌の広告で（掲載紙誌名　　　　　　　　　　）
6．その他（　　　　　　　　　　　　　　　　　　　　　）

●本書についてのご意見・ご感想をお聞かせください。

●ご意見・ご感想を広告等に掲載させていただいてもよろしいでしょうか？

□YES　　　□NO　　　□匿名であればYES

成功しました」

「うむ、わし、その話を聞いての。ものすごーく気になっておったのじゃ。触りだけでかまわんから教えてくれんかの」

「博士が、⑤私の心理磁気学に興味を？」

「うむ、非常に聞きたい」

「ありがとうございます。そもそも心と磁気の関係において私が仮定として考えたのは～」

（⑥そして1時間話し続ける）

「ふぅふぅ。なるほど。学会に出るのが、ふふ楽しみじゃよ、ふぅ」

「⑦その折にはご報告に上がります。では」

（深知さんが去り、助手が戻って来る）

「ものすごくたくさんお話しされましたね」

---

⑤ここで深知君の身体が前のめりになった。自分が強い興味を持っていることに対して、相手が興味を持ってくれたからじゃな。

⑥シンカーの、自分が興味を持ち知識を貯めたことを語るエネルギーは超弩級なのじゃ！

⑦このときの深知君、かなりうれしそうじゃったな。

「うむ、さすがのわしもぐったりじゃ」

「しかも、いたって上機嫌でした」

「深知君としてはピークの機嫌の良さじゃろう」

「浅田さんのお話では、深知教授はあまりお話をされないとのことでしたし、暗い印象とのことでしたが、私が観察する限りまったくそんなことはありませんでした」

「わしが、ちょびっと、深知君の心の底を刺激したからの」

「そうだったんですね！　早く解説お願いします」

「うむ、ではシンカーの心の底に潜っていこうかの」

シンカーは「自分が無力で無能であること」を恐れている

なぜシンカーは知識や技術を求めてしまうのでしょう？

それはシンカーの無意識下に「自分は無力で無能なのでは……」という恐れがあるからです。

細かく言うならば、「こんなに世界は広いのに自分はあまりにも無力であり、こんなんじゃ生きていけない」という大きく果てしない不安です。

そこから「有能でありたい」という無意識下の欲求が生まれ、「なにかに熟達したらうまくいく」という人生のルールに突き動かされて、知識や技術の熟達に向かって走り続けてしまうのです。

人との関わり方が積極的でない理由も、この延長線上にあります。シンカーは自分のエネルギーは有限であると無意識で感じています。そのエネルギーは自分の知識や技術を修得することに向けたいと思っているので、（エネルギーを半端なく消耗する）人との関わりには消極的なのです。

シンカーを操る鍵

無意識下の恐れ　自分は無力で無能なのでは……

↓

無意識下の欲求　有能でありたい

↓

人生のルール　なにかに熟達したらうまくいく

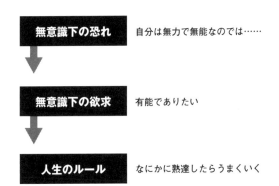

『ムーミン』に登場するキャラクターをエニアプロファイルしてみるのも、いい研究になるわい。その中でもスナフキンは、もっとも分かりやすいシンカーじゃ。

「『その奥さん、親戚は多いし知り合いもたくさんいたんだ。でもね、言うまでもなく【知り合いがたくさんいたって友達が1人もいない】ってことはあり得るんだよ』か」

「いったい、何をおっしゃっているのでしょう？」

「スナフキンの名言じゃよ。いかにもシンカーっぽい皮肉が利いておる」

「彼はシンカーなのですか？」

「わしはそうエニアプロファイルしておる」

「なるほど。ではシンカーはスナフキンと考えればいいのですね」

「そうじゃ。スナフキンと仲良くなるには？　スナフキンに認めてもらうには？　スナフキンにモノを売るには？　そう考えれば大きくは間違わん」

「おぼろげながら輪郭《りんかく》が見えてきました」

「どんな輪郭じゃ」

「まずは緑の三角帽子、そしてパイプ……」

「じぇんじぇん違うわ！　仕方ないのう。では具体的に解説しようぞ」

【禁断の心理話術】

シンカーには「3カ条を守りヒットポイント」を探り出せ！

シンカーは手の内をさらしません。

人と関わることが苦手なため、頭で考えていることを滅多《めった》に口に出さないのです。だから社内の人間関係でも、営業の現場でも、「何を考えているか分からない」という印象を相手に与えます。

しかし、話している内容に興味がないわけではありません。

こちら以上に関心を持っていて、こちらを計る意味で出方を観察しています。なにを計っているかというと、「有能でありたい」と欲求している自分と対等に「知的な会話」ができる相手かどうか。知的な会話ができれば自分の「有能さ」を感じることができるので、一気に信頼を得ることができます。しかしできないと、「こんなバカと関わるのは時間の無駄」となり心のシャッターを閉じてしまいます。

そんなシンカーとうまく関わるには、以下の3点に注意を払うことが重要です。

1. 雑談はしない

2. 気合いや勢いは逆効果
3. 相手の関心がどこにあるか探る

1つひとつ順に見てきましょう。

1. 雑談はしない

天気の話や旬のスポーツ、芸能界の話など、一般には会話の潤滑油《じゅんかつ》となるこうした雑談をシンカーはもっとも苦手とし、もっとも無駄と思っています。

商習慣的に商談の頭には雑談をしたくなりますが、相手をシンカーとプロファイルしたらそれはマイナス。サッと打ち合わせに入るべきです。職場でも雑談をして絡んでいくよりは、黙って距離を取っているほうがシンカーは安心できます。

2. 気合いや勢いは逆効果

シンカーは、客観性や合理性に重きを置いているため感情的な人は嫌いです。

自分の感情を押しつけてくる相手は完全にアウト。主観で判断する人も嫌いで、精神状態が悪いと「バカしか考えつかない思考ですね」と言葉に出して言ったりもします。

シンカーに対する際は客観的・合理的であるようにしましょう。

3．相手の関心がどこにあるか探る

シンカーに対する禁断の心理話術の最重要ポイントはここです。

シンカーは自分が関心のあることについて驚異的な知識があり、その知識を認められると一気に心のシャッターを開きます。ですから知識を褒め、聞くことがキラーワードになります。


【シンカーへの禁断のキラーワード】

「よくご存じですね！」

「面白いです。もっと聞かせてください」


ただし難しいのは、シンカーの関心は超ニッチにあることが多く、探り当てにくいこと。私の知り合いのシンカーは歴史好きですが、一般によく知られる日本史や『三国志』ではなく、「ウェールズの歴史」という超ニッチな分野で圧倒的な知識を誇っています。

ほかの例を挙げるなら、シンカーが新車を買いにショールームに行って、ある車に興味を持ったとします。

セールスマンが出てきてその車の説明をします。おそらく、燃費や安全性を語り、乗ることの楽しさやステータスを語るでしょう。けれどシンカーはそんなことはどうでもよく、ボディに使用している鋼板の引っ張り強度が気になっていたりするのです。そして、鋼板の引っ張り強度についてまったく語らないセールスマンを「こいつは使えないな」と自動反応的に思ってしまうのです。

つまり、シンカーだとプロファイルしたら、「関心はとんでもないところにある」と考え、それを探っていかないといけないということ。その関心を探り当て心から傾聴をすれば、シンカーの信頼を得ることができるでしょう。

「いままでの2つと違い、シンカーの禁断の心理話術は難しいです」

「うむ、感情が表に出てこないから余計にやりづらいのじゃ」

「私、深知教授に提案を通さないといけないのですよね？」

「その通りじゃ」

「一番、気をつけるポイントはどこでしょう」

「相手がしゃべるのを止められなくなる話題を探ることじゃな」

「難しそうです」

「なにごとも経験じゃ。当って砕《くだ》けろの精神で試してきなさい」

◆深知さんへの助手の禁断の心理話術

浅田さんの提案を3つの観点から分析したレジュメを持ち、深知のもとにやって来た助手。

「①深知教授、浅田さんからお伺いのことと思いますが、先日の浅田さんの提案について②私なりに分析をしてみました。これがまとめたレジュメです。③いま読んでいただけますか？　それとも、のちほどがよろしいですか？」

「いまから読む。10分後に来てくれ」

「解説じゃ！」

①ここでの助手君の素晴らしさは2つ。雑談をせんかったことと、レジュメを渡したこと。どちらも無駄を嫌うシンカーに対しての、良いアプローチじゃ

②「分析」という言葉はシンカーの好物じゃからな。ジワリと攻めていっておるの。

「分かりました。お願いします」

（10分後……）

「いかがでしょうか？」

「君は価格が理由だと思ったのだね」

「はい、理由は書いてある通りです」

「④違うな」

「ではオファーでしょうか？」

「違う」

「まさかターゲットですか！」

「消去法でそれしか残っていない」

「⑤分かりません。ターゲットに関してはほぼ問題ないと考えております。どこが悪いのか⑥具体的に教えていただけませんか？」

「君が参考にしたターゲットの数字は、いつのもの

---

③ナイス判断じゃ！　シンカーにとって時間はとても大切な資源じゃからの。相手の時間を大切にし、相手の時間の都合に合わせる。これは非常にポイント高いぞい。

④シンカーの答えは非常に短い。声に抑揚もなく、表情も乏しい。一見、不機嫌なように見えるが、実はテンポのいい会話を楽しんでおるというケースも多い。論理的、合理的であることを肝に、真っすぐに進むがよいぞ。

⑤しっかりと考察したあとであれば、「分からない」と言っても心のシャッターを下ろしはせぬ。最初から考えずに同じことをすると、ガラガラピッシャンじゃがの。

だ？」

「半年前のものです」

「3カ月前になにがあった？」

「⑦日本の大手電機メーカーが海外企業に身売りしました」

「そうだ。そのニュース以降、その提案が狙っているターゲットの心理は急激に変化している。（資料を1枚手渡して）ここにその詳細な数字が載っている」

「（資料を見ながら）そんな……」

「魚のいない場所では漁はできない」

「おっしゃる通りです。この数字からするとまったく見込みがありません」

「数字は嘘をつかない」

「はい。その通りです」

「その通りと言うなら、あとに続く言葉も知って

---

⑥「具体的に」もシンカーがよく使う言葉。それを逆に使うとは、助手君、どうしてなかなかやりよるわい。

⑦シンカーが問うてきたら知識で答える。この場合はたまたま当たったようじゃが、外してもよい。こうした知的なやり取りを重ねることで、シンカーの心の底に潜っていけるのじゃから。

るんだろうな」

「数字は嘘をつかない。しかし、嘘つきは数字を使う」

「よく知っているな」

「大学のとき、数字サークルに入っていました」

「なんだ、君、数字に興味があったのか。実は私も数字が好きなんだ」

「そうなんですか。⑧ぜひ教えてください！」

「そもそも数字と言うのはその起源をたどると〜（しばらくウンチク）」

「⑨面白いです。もっと聞かせてください！」

「うん、そうだな、では〜⑩（ここから1時間続く）ということだ」

「ありがとうございます。大変興味深い話でした」

「ところで浅田の提案だが」

「はい」

---

⑧相手が強い興味を持っているポイントが分かったら、そうじゃ、このキラーワードじゃ！

⑨このキラーワードで完全にシンカーの心の底に潜り込めたじゃろ。

⑩ある意味、もっとも大変なのはこの時間じゃな。シンカーの、自分の興味を語るエネルギーは尽きることなく圧倒的じゃからな。しかもシンカーは、相手の理解度おかまいなしに、自分の話したいペースで（それはだいたい猛スピードじゃ）専門的な話を永遠に続けるからの。聞いているほうは途中でチンプンカンプンになってしまうのじゃ。そこで、ちょびっと、秘密のヒント。ところどころ気を抜きながら聞いてもよいぞい。そうせんと、シンカーのエネルギーにやられてしまうからの。

「私が手を入れておく。⑪明日のこの時間に取りに来るよう浅田に伝えてくれ」

「よろしくお願いいたします」

「パチパチパチ！　素晴らしいの！」

「ありがとうございます」

「しかし君が、数字サークルじゃったとは初耳じゃ」

「いえ、数字に興味があり本を読んでいただけで、サークルには所属したことはありません。が、サークルと言ったほうが深知教授の心の底に潜り込めるかと考えました」

「あっぱれじゃ。エニアプロファイルの使い方が分かってきたようじゃの」

「まだまだですが、感じはつかんできました」

「さすがわしの助手じゃ！」

「ありがとうございます」

---

⑪たったいまあれほど熱く語ったとしても、あくまでも合理を主とするシンカーじゃ。時間に遅れることなどゆめゆめなきようにの。

「その調子で押恵ちゃんの恋愛相談もうまく解決できるとよいの」

「それについては……」

「なんじゃ」

「次章で詳しくお話しいたします」

第3章

相手を信じ込ませるエニアプロファイル 本編（2）

この3つのタイプまで押さえれば、ファイリング完成！

この章では、第2章でご紹介した3タイプほどではないにしろ、エニアプロファイルしやすい2タイプとして「クール」と「ファンラバー」を説明し、最後に、どのタイプか分からない人をとりあえずエニアプロファイルするタイプとして、「バランサー」を取り挙げます。

【エニアプロファイル4】裏表がありそうな成功者「クール」

Cool!

エリートや成功者に多いこのタイプを表すのに、まさにピッタリの言葉。

ハリウッド映画を観ているとしょっちゅう出てくる、英語の中では一番人気があるスラングで、「イケてる」「すごい」「素晴らしい」「カッコイイ」といった意味です。

クールは学生なら、なにかの分野（それは勉強かもしれないし、スポーツかもしれないし、バンドかもしれないし、趣味の活動かもしれません）で秀でているでしょうし、社会人ならデキるやつとして活躍していることでしょう。女性なら良き妻として、あるいは良き母として家庭を切り盛りしているかもしれません。

スタイリッシュでカッコイイ人が多いので、男女問わず異性にモテるのもクールの特徴の1つ。反面、人の気持ちには無頓着なため、冷たく見られたり、「裏で何を考えているか分からない」と言われたりすることが多くあります。

「押恵さんの彼と会ってきました」

「ほほう。そりゃまたどうしてじゃ」

「押恵さんの相談に乗っていて、彼のタイプを知らないとアドバイスができないと思ったからです」

「【人の気質はその人独特のもの】という意味を解したようじゃの」

「はい。押恵さんから話を聞いただけではエニアプロファイルが困難でしたので、直接会って観察してきました」

「素晴らしい判断じゃ。ノンバーバル情報に多くを頼るエニアプロファイルを、会わずに使うなどできる相談じゃないからの。それで、どうじゃった？」

「クールとプロファイルしました」

「根拠は？」

「第一に、お目にかかった瞬間の感想が【イケメンだな】でした」

「まさに、クールな人が来ーる！　じゃな（大笑）」

「博士、申し訳ありません。笑えません……」

「面会に来たのはイケメンかい！　これならどうじゃ！」

「申し訳ありません。反応できません……」

「なんじゃ、愛想のないやつじゃのう。まぁよい、続けなさい」

「お話を伺っていると、彼の有能さ、目的意識の高さ、目標達成に向けた行動力など、エリートが自然に持っているオーラを感じました」

「なるほど、クールの特徴をかなり備えておるの」

「そして、どれだけ話しても、本心を言っているようには見えない、つまり裏では何を考えているか分からないという疑心がぬぐえませんでした」

「決まりじゃな。そこまで標本的なクールなら、お目にかかってみたいわい」

「博士ならそうおっしゃると思い、お呼びしておきました」

「助手君！　あっぱれじゃ！」

「ありがとうございます。ではお呼びします。華形《はながた》さ〜ん、お願いします！」

無意識的にやってしまっておるから、クール本人は「自分が見られたいイメージを持っている」とは微塵も思っておらんぞい。

ではご紹介いたしましょう。認められたい成功者、クール、華形見栄人《みえと》さんです（次ページ参照）。


クールは、こうしたイメージを計算して作り上げています（無意識的にです）。

しかも仕事ができそうな感じが漂《ただよ》っていて、女子にもモテそうです。

普通にイケメンですね。


あなたにとって「イケてる」職業ってなんですか。

独立起業してヒルズ族になった若き経営者？

世界に通用するスポーツマン？

テレビでよく観るタレントや、ライブ会場を熱狂させるアーティスト？

はい、クールにはたくさんいます。

クールは他人から評価してもらえるイメージをあらかじめ持っていて、自分がそう見られるように努力し、突き進み、実際にイメージ通りになっているからです。

逆に達成しても「クール」と見られないことには気持ちが向かいません。

心の深いところでは「感情なんて面倒くさいし仕事の邪魔」と感じていますので、

クールの特徴(華形《はながた》見《み》栄《え》人《と》氏)

【体型】
●カッコイイ、
美しい体型

【雰囲気】
●エリート
●成功者
●行動派のリーダー
●その職業に相応しい服装

【声の高さ】
●ソフトな声

【話し方】
●目を見て話す
●自信のある話し方
●合理的な会話

【話すスピード】
●スピードは速め

【しぐさや表情】
●整った顔立ち
(いい男・いい女)
●アクションが速い

【よく口にする言葉】
●「もっと効率的に」
●「すぐやろう」
●「成功」
●「目標」
●「結果」
●「スピード」
●「臨機応変」
●「ブランディング」

【その他の特徴】
●他人をやる気にさせる
●プレゼンテーションが上手い
●本音で話していないような感じ
●エネルギーは胸のあたりにある

人の気持ちを考えない行動を自動反応的にしてしまい「冷たい」と言われたり、「本音で話していないように見える」と言われたりもしています。

人物例を見てもらうと、この感じ、つかんでいただけると思います

【人物例】

木村拓哉／市川海老蔵／本田圭佑／高田延彦／三木谷浩史／杉本彩／藤原紀香／米倉涼子／西川史子／神田うの（敬称略）

●――クールはどのような発言や行動を取るのか？

では、クールは実際にはどんな発言や行動をしているのか。

華形見栄人さんにまつわるエピソードを、笑押恵さんに語っていただきます。

「笑押恵です。よろしくお願いします。

7年つき合っている彼、見栄人さんについ先日ふられてしまいました。

私たちケンカなどしてませんでしたし、それどころか仲はいいほうだと思ってて、私はそろそろ結婚をって考えてたので、どうして彼が別れ話をしてきたのかまったく分かりません。

友達に話したら、新しい彼女ができたからじゃない？　って言われましたが、それは考えられません。彼はいま大切な仕事に没頭しているからです。見栄人さん、コンサルタント会社で働いているのですが、いまやっている仕事は国も絡んでる大きなもので、寝る間もないほど忙しいって言っていましたし、私にとっては寂しいことですが、彼は恋人や家庭より仕事が大事な人なのです。だから、ほかの人に気が移ったのではないと思います。

7年もつき合ってきたんだから、私は彼のことを知ってます。

仕事にのめり込むと無理をすることを知ってます。

いまの仕事を成功させて、独立したいと考えていることも知ってます。

だから彼の健康が心配で、合い鍵を使って彼の部屋に入って、少しでも栄養をつけてもらおうと料理をしたりお部屋を片づけたり、私になりに彼の役に立とうと頑張ってました。

私のどこが間違っていたんでしょうか？

私たちは本当にもうダメなんでしょうか？」

「君には気の毒じゃが」

「はい」

「押恵ちゃんは十二分に復縁可能じゃ」

「そうなんですか！　ぜひアドバイスをお願いします。押恵さん、本当に華形さんが好きで、華形さんのことを思っています。私は押恵さんに幸せになってほしいのです」

「よく言った。さすがわしの助手じゃ。このケースはスマイリーの悪いところがクールを追い詰めてしまったのが原因じゃ。そこを直せば状況は一変するじゃろ。華形君を呼んでくれんか」

「はい、今回は、私は押恵さんにアドバイスを送る役目ですから同席していてもよろしいでしょうか」

「むろんじゃ。しかと観察していなさい」

「ありがとうございます。では、華形さんをお連れします」

（助手は一度退席し、華形さんと一緒に戻って来る）

「はじめまして。博士です」

「①ご高名は伺っております。お目にかかれて光栄です」

「なんの、なんの。あなたこそ目を見張るようなお仕事を成し遂げられていると押恵ちゃんから聞いていますぞ」

「おかげさまで先のプロジェクトは②経産省から表彰状をいただきました。クライアントに恵まれたと感謝しています」

「老人のおせっかいかもしれぬが、その活躍の裏には押恵ちゃんの助力があったのではありませぬか」

「はい、彼女には③感謝しています」

「解説じゃ！」

①わしをわしとしてではなく、肩書きで見てしまっている発言じゃゃな。

②自分の成功や実績をつい挟んでしまうところがクールらしいわい。

③まったく感謝しているように見えんかった。このときが一番「裏表がありそう」に見えたの。

「ではなぜ別れ話を？」

「④仕事に集中したいからです。ここが私の人生の大きな⑤分水嶺と考えており、⑥なんとしても結果を出さないといけないので彼女だけでなく、⑦すべての縁を切ってひたすらに集中しております」

「なるほど。よく分かりました。1つだけ。わしの頼みを聞いていただけぬか」

「どんな内容でしょう？」

「あと一度だけ押恵ちゃんに会ってやってほしい。お願いしますじゃ」

「博士、もったいない。頭を上げてください。分かりました。⑧深夜とか早朝とかになりますが、必ず彼女と会って話をします」

（華形さんが去る）

---

④彼にとっては仕事で成功することが「イケてる」人生ということじゃな。

⑤つい難しい言葉を使ってしまうのも、「イメージ通りに見られたい」クールの自動反応の1つじゃ。

⑥まさにこの発言こそが、クールじゃ！

⑦感情や人づき合いは仕事の邪魔をするという、クール独特の自動反応じゃな。

⑧クールにとって時間が重要なのは知っておったが、「自分は忙しい」アピールを、こうして無意識的に言葉に出してしまうのもまた、クールらしいところじゃの。

「気持ちのいい青年ではないか」

「それもイケメンですし」

「君はそこにこだわるのう」

「押恵さんが心を奪われるのも仕方ないと、自分を納得させているのです」

「自分の心にそのようなねじくれた活動をさせるくらいなら、復縁させるのをやめ、君が押恵ちゃんの心の底に潜り込めばよいではないか」

「いえ、押恵さんが幸せになってくれることが私の幸せですから。私は押恵さんの復縁を応援いたします。ですから博士、やり方を教えてください。博士から伺ったことを私はそのまま押恵さんに伝えます」

「よかろう。ではクールの心の底を覗いていこうか」

「よろしくお願いします」

「ところで助手君」

「はい」

「男は、つらいのぉ」

（号泣）

クールは「あるがままの自分には価値がないこと」を恐れている

クールは「他人からいい評価を受ける、自分が見られたいイメージ」を持っていて、そのイメージ通りに見られるために、結果を気にしてハードに働きます。

クールがこのように動いてしまうのは、無意識下に「あるがままの自分には価値がないのでは……」という恐れを持っているから。

この無意識下の恐れは「価値ある存在でありたい」という無意識下の欲求を生み、「成功して人から好印象を持たれれば、うまくいく」という人生のルールを作り出します。

クールが、結果の追求を人生の真ん中に置いてしまうのはこのルールのせい。成功を邪魔する者を排除しようとするのもまた、このルールゆえのことです。

恋愛においても、恋人とは親密になりたいと思っているにもかかわらず、親密になりすぎると「自分が空っぽである」ことが見透かされてしまうと恐れ、距離を取ってしまう傾向があります。

『ルパン三世』のキャラクターも様々じゃ。
ここでは言えんが、ルパン、次元、五右衛門、
不二子はそれぞれタイプが違うぞい。

「女子で言うなら、不二子ちゃんじゃ」

「FNブローニングM1910を愛用する峰さんのことですね」

「うむ、ナイスボディの不二子ちゃんのことじゃ」

「ウィキペディアによりますと、【性格は外見に反して自分の欲望に忠実な悪女で、目的のためなら、ためらいなく他人を裏切る】と書かれています」

「非常にクール的じゃ」

「クールは裏切り者なのですか?」

「違うわい。目的達成のほうが人の気持ちより上にあるということじゃ」

「なるほど。華形さんとイメージが

クールを操る鍵

無意識下の恐れ　あるがままの自分には価値がないのでは……

↓

無意識下の欲求　価値のある存在でありたい

↓

人生のルール　成功して人から好印象を持たれれば、うまくいく

重なります」

「そして、目的達成のために合理的に突き進む」

「合理的と言うと、シンカーを思い出します」

「素晴らしいの！　その通り、クールはシンカーと同じで合理的に物事を判断するタイプなのじゃよ。じゃから、人の気持ちには疎《うと》く裏表がありそうに見えるのじゃ」

「たしかに華形さんは、表裏がありそうに見えます」

「押恵ちゃんがホの字になるのじゃから、事実は違うのじゃろうがな」

「峰不二子は、裏表しかないように見えます」

「それは君、美人で近づきにくいからじゃなかろうか」

「いずれにしても近づきにくいことには変わりません。どのようにすればいいのでしょう」

「うむ、では、その話に進もう」

【禁断の心理話術】

クールには認めるポイントを間違えず、結果を絡めて話をせよ！

クールに対する禁断の心理話術は、無意識下の欲求である「価値のある存在でありたい」というポイントに対して行っていきます。

クールが無意識下で欲しているのは「価値のある存在でありたい」ですから、価値のある存在であることを「認める」「褒める」が禁断の心理話術になります。

この点では、ビッグボスと似ています。

しかし、心から真っ正面に当っていけば響くビッグボスと違って、「認めどころ」「褒めどころ」を見極めていくのがクールに対しての重要なポイント。間違うとせっかくの禁断の心理話術が裏にハマってしまうので気をつけてください。

そのポイントを理解していただくため、クールの無意識下の心の動きを見てみましょう。クールの心の底はこんな感じで流れています。

1. 自分がどのように見られたいかイメージを決める
2. そのイメージ通りに見てもらえる高い目標を掲げ、努力する
3. 掲げた目標を達成する

先に結論を述べてしまいますと、クールにいい影響を与える褒めのポイントは1と3。2のポイントを褒めるのは逆効果となるので注意してください。

クールは、素晴らしい結果を出して、自分のイメージ通りの人として賞賛されたいのです。だから「素晴らしい結果」と「自分のイメージ通りの人である」ことは多いに認めてもらいたいし、褒めてもらいたい。

しかし反面、結果を得るために努力している姿を見られるのは、自分の見られたいイメージと違うため（もっと言えば、「努力しないと達成できないなんて価値ないなぁ」と思われるのを恐れるため）まったくうれしくないのです。

たとえば「有能なリーダーでありたい」と思っているクールに対して、「部下のみなさん、笑顔で楽しそうで、しかも結果を出しているなんて素晴らしいですね。あなたが影で努力されてきたことが実を結んだのですね」

というのはまったくうれしくないし、響かない褒め言葉。そうではなく、

「部下のみなさん全員が対目標130％を達成したと聞きました。素晴らしいですね。あなたがプレイヤーとして優秀なのは存じておりましたが、リーダーとしても卓《たく》越《えつ》した手腕をお持ちなのに驚きました」

というのが正しいです。

この違いをしっかりと把握し、クールへの禁断の心理話術を行ってください。

【クールへの禁断のキーワード】

「素晴らしいです（結果に対して）」

「憧れます（ステータスに対して）」

「どうじゃ、押恵ちゃんにいいアドバイスができそうか？」

「はい、私になりにはまとまりました」

「どんな考えじゃ。簡潔に言ってみなさい」

「結果へのコミットをサポートする」

「なんじゃそれは。ボクサーとかアナウンサーとかアイドルが体重を落とすところしか想像できぬぞ。日本語で言いなさい」

「押恵さんは気持ちが大切な人です。華形さんは結果が大事な人です。ここのボタンの掛け違いが今回の別れ話の原因と分析しましたので、私は……」

「もうよい。あっぱれじゃよ、助手君。そこまでプロファイルできておれば、押恵ちゃんの恋は再び実るじゃろう」

「ありがとうございます。微力を尽くしてまいります」

◆華形さんへの押恵さんの禁断の心理話術

「今日は忙しいのに、①時間を取ってくれてありがとう」

「博士に頼まれたから来たけど、ヨリを戻そうって話だったら悪い……」

「そうじゃないの。これまで、あなたにたくさんいい思い出をもらえたから、そのお礼を言いた

「解説じゃ！」

①クールが気乗りのしていない場合、本来なら要件から入ったほうがよいのじゃが、このひと言がないとスマイリーとしては落ち着かぬのじゃな。

いだけ。②いまのこの時間だけ私にくれれば、それ以上のわがままは言いません」

「ならいいけど……」

「③お仕事の調子はどう?」

「まぁまぁかな」

「またそんなこと言って。何年、側にいると思ってるの? あなたが④まぁまぁなんて仕事する人じゃないのは分かってるわ。⑤どれくらい結果を出してるかを教えてよ」

「かなわないな。うん、時間はかかっているけど⑥クライアントからの評価は高い、かな」

「⑦さすがね。難しいお仕事だったんでしょ。それを⑧ちゃんと成果出すなんてやっぱりすごいね」

「やめろよ。難しいことは難しいけど、誰がやっ

---

②クールにとって時間はとても大切。こうして時間を限定したのは、よい判断じゃ。

③話題が詰まりそうになったら、クールが「見られたい」と思っている自己イメージの話題を振る。定石通りの展開じゃな。

④禁断の心理話術を繰り出したの。しかも驚くほど自然にじゃ。長年連れ添った間柄の機微というやつじゃな。

⑤クールの心の底に潜るには「結果」を褒める。そのためにはまず「結果」を聞く。いい流れじゃ。

⑥自分ではまったく意識せず、自慢を挟んでくるのがクールじゃ。

⑦そのクールの自慢を見逃さず認めるのも、心の底に潜るポイントじゃ。これは、そのお手本じゃな。

ウィンザー効果とは、第三者を介した情報のほうが直接伝えられるよりも影響が大きくなるという心理効果じゃ。

ても無理って仕事じゃないから」

「いいえ、あなたにしかできないと思うわ。うちの⑨父も、あなたは素晴らしいって言ってたよ。いまどきあれほど結果を出す青年はめずらしいって。街の小さなパン屋のオヤジに言われてもうれしくないかもだけど」

「えっ！　社長さん、そんなこと言ってくれたの？　⑩年中行列のできる名店の経営者で、ビジネス本を何冊も書いている社長さんにそんなふうに言ってもらえてうれしいな」

「父なんか関係なく、あなたは⑪絶対に成功するわよ。独立の話も進んでる？」

「うん、大きな資金を投入してくれるって人が出てきたんだ。これでなんとか、⑫はじめから恥ずかしくない規模の会社が出せそうだ」

「……そう……」

---

⑧禁断の心理話術をストレートに放り込むのはタイミングが難しいのじゃが、さすが愛の力じゃな。少し心が開いてきたまさにこの瞬間が、もっともバッチリなタイミングじゃ。

⑨これはナイスじゃった！　心理学でいう「ウィンザー効果」じゃな。クールは、自分が認めている人からの褒め言葉を非常にうれしく感じるからの。これで完全に心の底まで潜り込めたじゃろ。

⑩本人の人となりより肩書きを重要視してしまうクールの自動反応じゃな。

⑪心の底に潜り込んだら、「価値ある存在でありたい」という無意識下の欲求を刺激する。お手本のような組立てじゃ。

⑫他人からの見栄え（評価）が大切な、クール独特の考え方

ザイガルニク効果とは、完結した物事よりも中断した物事のほうが気になるという心理効果じゃ。

「どうしたの？」

「いえ、ちょっと気になることがあるんだけど、私が言っちゃいけないかなって」

「⑬なんだよ、それ、逆に気になるじゃん。言ってよ」

「だって私、自分ではあなたのためって思ってやることが、⑭逆にあなたを苦しめるって気がついちゃったから」

「まぁ、そう感じることもあったけど」

「ごめんね。私は本当にあなたのことが好きだし、もう最後だから思い切って言っちゃうけど、⑮いまも世界で一番好きだし、だからあなたの邪魔はしたくないの。いままで迷惑ばかりかけて、ごめんなさい」

「僕のほうこそ、自分のことでいっぱいになって、押恵が僕のこと考えてやってくれるのが分かっ

じゃ。むろん、本人は意識はしとらんがの。

⑬心理学の「ザイガルニク効果」が効いておるの。先を急ぐクールを焦らすとは、なかなかやりおるわい。

⑭エニアプロファイルの基本で言うなら、ここでクールが苦手な「感情」を出してしまうのは、もったいないのじゃが……スマイリーとしては仕方がないのかの。

⑮この言葉は、助手君つらいのう……。

てても、それが⑯自分の計画を邪魔するように思えてしまって……ごめんな」

「そう言ってくるなら嫌われてもいいから思い切って言うわ。そのお金の話、断るべきだと思う」

「⑰なんでだよ！　いい話なんだぜ！」

「あなたは絶対に成功するわ。だって成功する星の下に生まれてるもの。けどね、⑱先を急ぐあまりその力を他人に使われてしまったこと、これまでにも何度かあったじゃない。それにね、独立は⑲あなたの夢の第一歩。他人が絡んで、あなたの成功の邪魔をさせたくないの。これ」

「通帳？（開いて金額を確認）えっ、どうしてこんなに？」

「この5年間、あなたがご飯の材料費にって渡してくれてたお金よ。そこに私も少しずつ足してたから。1人で独立するには十分じゃない？」

---

⑯クールが自分の感情を素直に発言するのは、完全に心の底に潜り込んだ証拠じゃよ。押恵ちゃん、あっぱれじゃ！

⑰自分が思い描くイメージへの道を否定されると、クールは自動反応的に拒否、対抗するという好例じゃ。

⑱クールは、すぐに成功したいのじゃ。そのほうが早く認められるからの。じゃから、先を急ぐのじゃな。

⑲この発言は素晴らしいぞい。クールの抱くイメージへの道を否定せず、いや、むしろ補強しつつ、自分の意見を聞いてもらう。禁断の心理話術、上級編じゃ。

「ダメだよ。それって全部君のお金ってことだし、受け取れないよ」

「じゃあ、投資って考えて。あなたへの投資。⑳あなたはそのお金で絶対に絶対に成功する。そしたら百倍にして返してね」

「……押恵」

「頑張ってね」

「ありがとう。㉑何万倍にもして返すよ……いや、もし許してもらえるなら、これからも僕の側で僕を支えてくれないかな」

「見栄人さん！」

（㉒そして押恵の手に、華形の手が重なる）

---

⑳無意識の欲求を、作為なく心から認めておる。これは、響くじゃろうの。

㉑相変わらず、クールは人の心を解さんのう。ここはそうじゃなかろうに（ため息）。

㉒愛に解説はいらんじゃろ。

「博士、ありがとうございました。押恵さん泣いて喜んでました」

「クールの華形君が仕事で成果を出すために恋愛感情を遠ざけたことで、スマイリーの押恵ちゃんは見捨てられたと感じ自分のことを見てくれるよう過剰にお世話を焼いてしまった。華形君にとって、それはさらに疎ましくなるだけじゃからさらに遠ざける。すると押恵ちゃんはさらにエスカレートしてお世話をする……そんなバッドスパイラルに陥っていただけじゃからな」

「心の底ではお互いを必要だと分かっていても、そうなってしまうのですね」

「人はストレスがかかるほど、強く無意識下の恐れに突き動かされるからの」

「無意識に恐れたり、望んだりするって、今回はよく分かりました」

「言ってみれば、君も当事者じゃからの」

「当事者として発言するならば、エニアプロファイルすごいです。むしろ恐いです」

「いやいや、君はここからさらにエニアプロファイルの力を知ることになる」

「えっ？　そうなんですか！」

「うむ。なんせ残りの2つは、わしと君のタイプじゃからな」

【エニアプロファイル5】

空気を読まないエンターテイナー「ファンラバー」

ルンルン！

ウキウキ！

ワクワク！

その人からこんな音がイメージされたら、きっとその人はFun Lover。

ファンラバーは、愛称の通り、面白いことや楽しいことが大好き。

ポジティブで明るく、いろいろなことに興味を持ち、失敗を恐れずエネルギッシュ。

頭の回転が異常に早く、楽天的なムードメイカーとして場を盛り上げ、熱中するとマシンガントークで話し続け、その話には説得力がある。

お笑い芸人さんに多くいる快活なエンターテイナーがファンラバーです。

宴会やパーティでなぜかいつも場の中心になる人は、このタイプの可能性が高い。

あなたの周りにも、こういう人、いるのではないでしょうか？

「ファンラバー、って博士のことですよね？」

「なぜそう思うのじゃ」

「なぜ、と言いますか、すべて博士に当てはまっております」

「わし、明るいか？」

「博士が明るくなければ、太陽でも暗いです」

「わし、ムードメイカーか？」

「研究会に出たときなど博士の周りは笑いに包まれております」

「うむ、素晴らしい観察じゃ。わしもわしをファンラバーだとプロファイルしておる」

「ありがとうございます。少しずつですがエニアプロファイルにおける観察の仕方が分かってきました」

「なによりじゃ。これから登場してもらうゲストも、わしと同じくらい分かりやすいファンラバーじゃから、楽しみにしてくれたまえ」

「えっ？　ファンラバーの代表は博士が務められるのではないのですか？」

「いやいやいや、わしが出るわけにはいかんじゃろ。第一、わしが出てしまったらいったい誰が解説をするのじゃ？」

「それは、きっと、著……」

「助手君！　それ以上は禁句じゃ！」

「申し訳ありません」

「それにここまで男のゲストが多く、本自体がむさくるしくなっておる」

「たしかにその傾向は否めません」

「じゃからわし、今回は女子を呼んでおいたのじゃ。地方局アナウンサーをやっている美形じゃし、せっかく声をかけたのじゃ。ご登場いただこうじゃないか」

「博士が、そこまでおっしゃるなら……」

「散多子《さたこ》ちゃ〜ん、出ておいで〜！」

では、ご紹介いたしましょう。

熱しやすく冷めやすいエンターティナー、極楽《ごくらく》 散多子さんです（次ページ参照）。

ファンラバーの特徴(極楽《ごくらく》 散多子《さたこ》氏)

【体型】
- 特に類型的な体型はない

【雰囲気】
- 明るい
- 楽天的
- お調子者
- 楽しそう
- 話好き

【声の高さ】
- 高い

【話し方】
- 受け答えが速い
- 話すときのテンションが高い
- よく話が飛ぶ（「そういえば」「話変わるけど」）
- 細部にわたるストーリーで話すことが多い
- 主語を飛ばしやすい

【話すスピード】
- かなり速い

【しぐさや表情】
- 大きな手振り身振り

【よく口にする言葉】
- 「まぁいいか」
- 「あっ、そういえば」
- 「すごい」
- 「面白い」
- 「素晴らしい」
- 「ラッキー」
- 「ハッピー」
- 各種擬音

【その他の特徴】
- 飲み込みが早い
- 手先が器用
- 物真似が得意
- 好奇心旺盛で一度にいろいろなことをしていて忙しそう
- エネルギーは頭にある

明るく、元気な感じですね。

お調子者感、おっちょこちょい感もあふれていて、芸達者な雰囲気も漂っています。

これがファンラバーの主印象。小学校のとき、通知表に「明るい」とか「調子に乗るところがあるので注意しましょう」とか書かれたことがある感じです。


ファンラバーは、楽しいことが大好きです。

ただ好きなだけではなく、興味を惹かれたことに興奮し熱中します。

興味の先は人間だったり、モノだったり、体験だったりとジャンルにとらわれません。なにかに対して狂おしいほどの興味が突然に湧き、マグマのようなエネルギーでそのことに熱中。人なら毎日でもコンタクトを取るでしょうし、モノならありとあらゆる関連情報を集めるでしょうし、体験なら毎日やってみたりします。

そうして熱中していると、ファンラバーはわりとすぐに体得します。

普通にできるくらいまでなら、語学だろうが運動だろうが楽器だろうがプログラミングだろうが、あっという間に身につけてしまいます。

つまり、圧倒的に要領がいいのです。

反面、ある程度できてしまうといきなり興味を失い、ほかの熱中できることに移ってしまいます。常に新しい刺激や快楽を求め、サルのように木から木へとひょいひょいと移動するので「サルの心を持った修道士」と名づけている書物もあるくらいです。

だから、1つのことに熟達したり、最後までやり遂げることができません。部屋には「そこそこできるけど熟達していない（最後までやれていない）ことの残骸《ざんがい》」がいくつも転がっているはず。熱しやすく冷めやすいを地でいくタイプなのです。

以上の雰囲気や話し方がファンラバーっぽかったら、その人がいつも複数の本を読んでいないか、複数の仕事をしていないかを観察してみてください。

ファンラバーはマルチタスクを易々《やすやす》とこなすからです。

視覚と聴覚から同時に情報を得ることができ、それに刺激を受けることでアイデアが浮び、アイデアが浮かぶと話さずにはいられないので結果、よく話が飛びます。

人物例としてはこんな感じです。

ついでに言えば、この本の著者もじゃ。

【人物例】

明石家さんま／桑田佳祐／香取慎吾／所ジョージ／柳沢慎吾／林真理子／森公美子／杉田かおる／久本雅美／古閑美保（敬称略）

「博士、登場いただいた極楽さんには大変申し訳ないのですが、やはりファンラバーの代表としては博士の事例を取り上げていただきたく思います」

「なぜじゃ」

「私自身が博士のお側にいて、ファンラバーの自動反応に、大変申し上げにくいですが、手を焼いて、いえ、困惑しているからです」

「そこまで言うほど酷《ひど》くはないじゃろう」

「博士自身はお気づきではないかもしれませんが、暴走と申しますか、走りすぎるきらいがまま見受けられ、周りはいつもハラハラしております」

「いやいやいやいや、それはいくらなんでも言いすぎじゃ！」

「では、先日実際にあったことをお話ししてよろしいでしょうか？」

「うむ、ぜひ聞かせてくれ」

（極楽さんがズザーッとやって来る）

「①ちょっと待ってよ！　博士！　私せっかく来たのにこれでおしまいなの！」

「すまぬ、散多子ちゃん。話の流れ上そうなってしまったんじゃ」

「②楽しいことがあるっていうから、ほかの③面白そうな予定みんなズラしてきたのに、それはちょっと酷いんじゃない」

「申し訳ない、もっと面白いことに招待するから許しておくれ」

「もっと面白いことってなによ！」

「それは、ほら、④あれじゃよ」

「えっ？　あれ？　⑤あれって、あれ？」

「その通りじゃ。⑥あれじゃよ、あれ！」

「えぇー！　あれならいいわ！　だから博士、約

「解説じゃ！」

①ファンラバーは自己主張するタイプじゃ。納得いかないことがあると、遠慮なく言ってくるぞい。

②楽しいことはいつだってファンラバーの好物なのじゃ。

③この発言、非常に分かるわい。面白そうなことを断るのは、身を切るようにつらいことなので予定をズラしたのじゃな。

④なんとかごまかそうと、適当に言ってみたのじゃ。

⑤ファンラバーは楽天主義者。散多子ちゃん、勝手になにか楽しいことを思いついたようじゃ。

束忘れないでね！」

「もちろんじゃよ。⑦散多子ちゃんとの約束を忘れるわけがなかろう」

「じゃあまたね、連絡待ってま～す！」

「うむ、待っておっての～」

「（ああ、博士また⑧安請け合いしてる……）」

●――ファンラバーはどのような発言や行動を取るのか？

どうやら話もまとまったようですし、ファンラバーは実際にはどんな発言や行動をしているのか。博士にまつわるエピソードを助手から話してもらいましょう。

「心理誘導研究所で、博士のアシスタントとして働いている助手です。

博士は、非常に豊かな発想力をお持ちです。同時にいくつもの研究を、私には思い

---

⑥それがなんだか、ちっとも分からんかったが、その場のノリで調子よく答えてしまったわい。

⑦ノリでどんどん答えていって傷口を広げるのじゃな。

⑧結局、散多子ちゃんと何を約束したのかさっぱり分からん。反省しかないわい……。

もつかない角度からエネルギッシュに進め、新たな知見を確立し、賞賛を集めておられます。先頃も心理誘導に関する新しい知見を発表し、大きな賞を受賞されました。これからお話しするのは、その受賞パーティでの出来事です。

パーティには、世界的に権威のある賞を受賞された教授をはじめ、たくさんの著名な先生が集まっておりました。が、主役は間違いなく博士でした。賞を受賞したこともありますが、博士の発表した知見があまりにも衝撃的で、みなさま、より深い話を聞こうと博士の周りに集まったのです。

はじめ、博士は知見について淡々とお話になっておられました。しかし生来のエンターテイナー気質がうずいたのか、モノマネを始めてしまったのです。それも会場にいらっしゃる著名な先生のモノマネです。やんやの大喝采《かっさい》が起こりました。パーティが博士のモノマネショーと化したといっても過言ではありません。

それでさらに気を良くされた博士は、『危険な水域』に踏み込んでいかれました。さすがにマズいと、私や運営スタッフがやんわりと止めに入りましたが、博士はまったく止まりません。それどころか博士は空気を読めず、『モノマネは心理誘導の基本じゃ』と主張され、その場の全員にモノマネを強制されたのです。

『大変に面白い趣向だった』との声もありましたが、モノマネされた先生を中心に

『研究者としての品位を著しく落とす愚劣な行為』とお叱りを受け、受賞の取り消しまで検討されている次第です」

「あれしきのことで取り消しになる賞などいらぬわい！」

「そんなことを言わないでください。博士の受賞は私にとっても勲章です」

「そう言われると弱いの」

「今後は控えていただけるのでしょうか？」

「うむ、まっ、少しは、反省しとる」

「では、パーティのときの博士のお気持ちをお伺いできますか？」

「仕方ないのう」

「ではあの日を順に振り返ります。賞の授賞式があって、ステージでスピーチをされ、懇親会がスタートし、①多くの方が博士の周りに集まりま

「解説じゃ！」

①人からの注目を集めるのは、気持ちがいいの！

した」

「ただドンドンと②面倒になってきおったの」

「面倒、ですか？」

「うむ。みながしてくるのが同じ質問ばかりじゃったから。わし、③同じことを繰り返すのがもっとも苦手なのじゃ」

「みなさんから賞賛を集めて博士は機嫌良くなられていると思っておりました」

「機嫌は良かったのじゃ。ただ同じことの繰り返しが苦痛での。そんなとき1人の女子が『博士はモノマネがお得意と聞いています』と言ってきての。④ではやるか、と」

「そして喝采を集め、調子に、いえ、興に乗ってしまわれたのですね」

「そういうことじゃ。目の前で可愛い女子たちが⑤喜んでくれたのじゃ。そこで続けぬ手はなかろう。

---

② ファンラバーは面倒臭がりなのじゃ。頭の中に楽しい計画が渦巻いておるからの。それを邪魔するものは全部面倒臭いのじゃ。

③ 新しい刺激をいつも求めておるからの。ルーティンワークはもっともダメじゃ。

④ 飽き飽きしていたところに、新しい方向でわしが活躍できる提案がきた。空腹のワニの前に新鮮な肉を出されたようなものじゃ。すぐにパクリと食いついたわい。ま、それも何度か繰り返すと、飽きてしまうのじゃがな。

⑤ ファンラバーにとっては、人が喜んでくれるのが大事なのじゃ。じゃからエンターテイナーと呼ばれておるのじゃよ。

それをなんじゃ。わしが気持ちよくやっておるときに止めにきよった。わし、そういうのが一番嫌いなのじゃ。⑥わしの気持ちを無視して、⑦自由を奪い、枠にはめようとする。じゃから余計意地になったのじゃ」

「なるほど。博士の心の中ではそういう感情が動いていらっしゃったのですね。ありがとうございました」

「それではいま聞いた博士の気持ちについて、心の中の動きを解説してください」

「嫌じゃ！」

「な、なぜですか？」

「そんなの、それを君に教えたら、わしが心理誘導されてしまうからに決まっておろう！」

「……ではせめて、博士の、いえ、ファンラバーの心の底を教えてください」

---

⑥ファンラバーは、とにかく「自分の楽しさ」「自分の気持ち」が大事なのじゃ。相手の気持ちが一番のスマイリーとは真逆じゃの。

⑦ファンラバーは、自由を奪われるとテンションが落ちるし、ストレスがかかっておると腹を立てるぞ。

「うぬぬ、ここだけ隠すというわけにはいかんじゃろうの」

「はい、よろしくお願いいたします」

「しかし気が進まんの……」

ファンラバーは「満たされることがないこと」を恐れている

ファンラバーは絶えず、自分に刺激を与えてくれる新しい何かを求めています。

無意識下に「自分の人生は満たされていないのでは……」という恐れを持っているからです。

この無意識下の恐れから逃れるために「満たされていたい」という無意識下の欲求を持ち、「満足するものを手に入れたらうまくいく」という人生のルールに突き動かされ、必死の現実逃避に（無意識的に）走ります。ファンラバーが次から次に新しいものに興味を持ち、なんでも経験したがるのは、こうした理由があるからです。

しかし、満足するものをどんなに外に求めても満たされることはありません。

隣の芝が青く見えたからって隣の芝生に移ると、今度はそのまた隣の芝生が青く見えるのですから。どこまでいっても穴の空いたバケツのごとく満たされるわけはないのです。

「つまり悟空なのじゃ」

「カカロットのことですか？」

「そうじゃ。彼はたいていのことを【まっ、いいか】で済ませる。このひと言は恐ろしくファンラバー的じゃ」

「たしかに彼は、その台詞《せりふ》をよく発します」

「磯野家の長女もファンラバーじゃろう。わしほどじゃないが、彼女もモノマネが得意じゃしな」

「私はゴリラのマネくらいしか存じておりませんが」

「だとしても、彼らをファンラバーのプロトタイプとするのは悪くないぞい」

「私にとっては博士のほうが、ファンラバーの見本のように感じます」

「わしはキャラクターじゃないわい!!」

「コメントがしにくいメタ発言ですね」

「なにをごにょごにょ言っておる」

「いえ、なんでもありません。ファンラバーの探求のため博士の座右の銘を聞かせてください」

「人生、好きなことをするに限る」

「エニアプロファイルの参考になります。もう1ついただけませんか？」

「飛んでから見ろ。きっとなんとかなる」

「なるほど。とても参考になりました。そして私なりにファンラバーの禁断の心理話術を考えました。聞いていただけますか？」

「嫌じゃ！」

「……始めさせていただきます」

ファンラバーを操る鍵

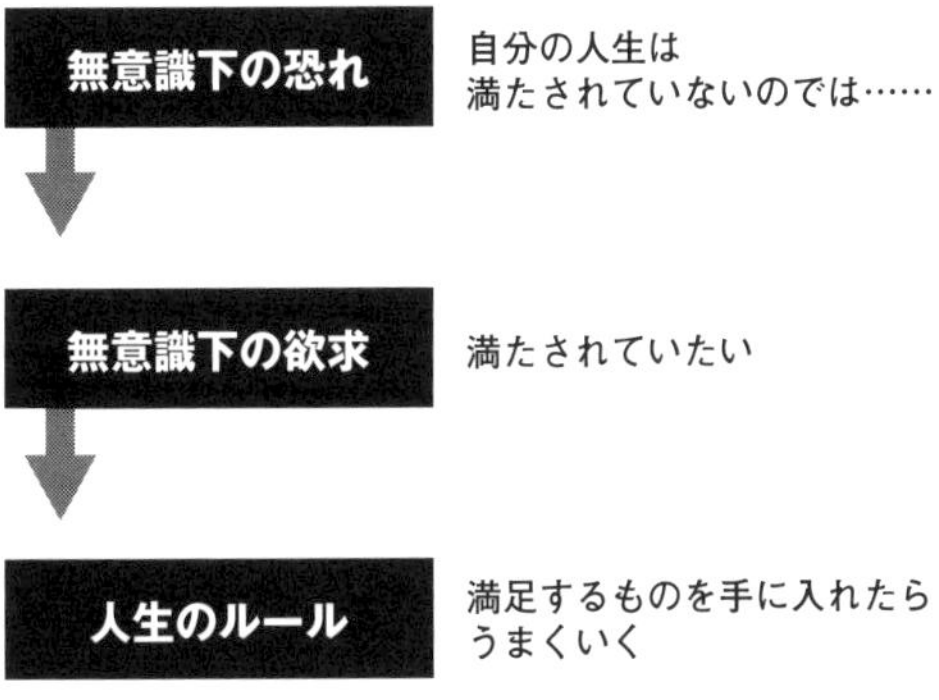

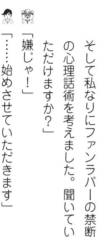

【禁断の心理話術】

ファンラバーには「小さな子供を手の中で転がす」感覚で！

動物が大好きな小さな子供が、見たこともない生き物を見た、としてください。

その子はどんな行動に出るでしょうか？

きっと「ねぇねぇ、聞いてよ」と興奮し、ハイテンションでその生き物の話をしてくるでしょう。しかし、あなたはその子に勉強をさせたいと考えている。だからそんな生き物はいいから勉強しなさい」と言ったとします。

さて、その子はどうなると思いますか？

一気にテンションを落とし、勉強に向かうことはないでしょうし、最悪あなたのことを嫌いになるかもしれません。あるいは意地になって、その生物を捕まえるため危険を冒してしまうかもしれません。


ではどのように言ったら、その子はテンション高く勉強に向かうでしょう？

まず話を聞いてあげること。その子が興奮して話をしている間はさえぎらず、「へぇ、すごいね。よかったね」と彼の興奮に同調しながら聞いてあげることです。

そして、ひと段落したとき「その生き物を研究したいだろ。おまえが見つけた生き物だから、ひょっとしたらおまえの名前がつけられるかも。頑張って研究できる学校に入ろうよ。そのためにもいまから勉強しようか」のように言ったらどうでしょう。

きっとその子はテンション高いまま勉強に向かうに違いありません。

ファンラバーに対する禁断の心理話術はこれとまったく同じ。

ファンラバーにとっての「見たこともない生き物」は「頭に浮かんだ新しいアイデア」であり、「明るく刺激的な可能性」なのです。

そのアイデアや可能性の先に「満たされた未来」があると考えているのです。だから、ファンラバーが新しいアイデアや刺激的な可能性に夢中になっているときは、さえぎらずその話を聞いてください。

話していることに興奮して、ハイテンションになっていくかもしれませんし、そもそも話の内容に現実味がないかもしれません。けれど、ファンラバーはアイデアや可能性を否定されるとテンションが一気に落ちますし、ひどいときには逆ギレしますので、この段階で否定をしてはいけません。まずは聞く。そして、ひと段落したときにそのアイデアを補完・補強する方向で、提案をしてください。

【ファンラバーへの禁断のキーワード】

「すごいです！」

「絶対いけます！（アイデアや可能性に対して）」

ファンラバーは自分が楽しくなくなると、逃げてしまいたいと脊髄反射的に考え、ストレスがかかると実際に逃げてしまうので注意してください。

またその場の雰囲気で軽々しく約束をしたり、盛って話をしたりするので、あとで大きな問題になることもあります。ファンラバーと交渉したり、指示したりするときは、楽しくやってもいいが責任はあることをしっかりと伝えることが重要です。

「いかがでしょうか？」

「悪くないいんじゃないかの」

「ありがとうございます。では、これから博士に禁断の心理話術を試してよろしいでしょうか？」

「嫌じゃ！」

「……では時間を巻き戻して、あのパーティで博士がモノマネを始め、私が止めに入るところからでお願いします」

「時間を巻き戻すとか、君はなんでもできるんじゃの」

「はい、実験のためならなんでもやります。では、いきますよ！」

◆博士への助手の禁断の心理話術

「博士、いまのモノマネ、①ものすごくウケましたね」

「利根川教授のマネはわしの十八番《おはこ》じゃからのぉ。『何をやるかより、何をやらないかが大切だ』。どうじゃ？」

「②すごいです。まるでご本人のようです！」

「『捨てることが、熱意を生み出す』」

（周りの女子から「似てますぅ」の声）

「解説じゃ！」

わしのことをわしが解説するのは、やりにくいのう……

①ファンラバーが気持ちよくやっていること、しかも周りから評価されたことをストレートに褒めるのは、入り口として最高の方法じゃよ。

②早くも禁断の心理話術じゃな。わし、周りが盛り上がって気分よくなっておったから、こんな見え透いたやり方でも心

「そうじゃろ、そうじゃろ、むふふ、もっとレパートリーあるが見たいかの？」

（「③見たいです。お願いします！」の声）

「仕方ないのぉ。普段はやらんのじゃが、④今日は特別じゃ」

「博士、ちょっとお話が」

「いま、忙しいからあとにしてくれ」

「いえ、そのモノマネについて⑤耳寄りな話がありまして」

「ほう、どういうことじゃ」

「⑥可能性が広がる提案があるのです。あちらでお話しさせていただけませんか」

「そういうことならば。（周りの女子に）ほんのちょっとだけドロンするぞい」

（2人だけになって）

を開きかけたわい。

③ファンラバーは調子乗り。うまくおだてれば木にも登るぞい。

④ここだけの話、うまく乗せられると、いつも特別じゃ。

⑤またしても禁断の心理話術。自分が自信を持っていること、あるいはアイデアや計画に対して新たな提案してくれる相手はうれしいのじゃ。

⑥ファンラバーにとって「可能性」も大きなキーワードじゃ。「面倒臭い」を取り除き、「可能性」を提案する。これはファンラバー殺しじゃの。

⑦かなり心の底に潜り込んだ状態での禁断の心理話術。タイプに限らず、もっとも効果を発揮する場面じゃな。わし、自分にやられてそれを実感したわい。

「博士ご自身でもお分かりのように、博士のモノマネは⑦すごいです」

「それはそうかもしれんが、面と向かって言われると照れるではないか」

「いまステージの脇にいる白髪の男性、⑧ご存じですか？」

「いや、知らんが」

「某テレビ番組のプロデューサーです」

「⑨なぜそのような人間がここにいるのじゃ」

「あらゆる分野の専門家を番組に採用するのが最近の流行のようで、そうした人材を探しに来ているとのことでした」

「⑩心理学系の番組のことは、わしも聞いたことがある」

「その番組で、博士はモノマネを披露されるおつも

---

⑧これは助手君のナイス展開じゃ！　好奇心の塊であるファンラバーの興味を刺激してくる聞き方じゃからな。こう聞かれて心が動かぬわけはない。わしも、モノマネを続けることより、その男性が何者なのかに興味が移ってしまったわい。

⑨なにか面白そうなことが起こる予感でムズムズじゃ。理由を知りたくてたまらんかったわい。

⑩ファンラバーは、自分勝手な楽しい想像を一瞬で膨らませることができるのじゃ。わしは、このときテレビに出ておることを想像しとった。助手君は「心理学系の番組」のことなどひと言も言っておらんのにじゃ。

りですか?」

「⑪モノマネをか！　バカを言うでない。わしは心理誘導の第一人者じゃぞ。モノマネ芸でテレビに映るなど心外も甚《はなは》だしいわ」

「失礼しました。となると、⑫もうモノマネはされないほうがよろしいかと」

「当たり前じゃ、するわけなかろう」

「ではあちらで待っているご婦人達に博士は別件ができたと伝えてきてよろしいでしょうか」

「⑬よろしく頼む。あ、そのついでにじゃが……」

「お任せください。プロデューサーに博士のこと伝えてまいります」

「気に入らんのぉ」

「私のやり方が間違っているということでしょうか?」

---

⑪ここも助手君のナイス展開じゃの。この段階では、わしの気持ちは完全に「テレビで心理誘導を語るわし」に移っておる。つまり、モノマネはもう飽きてしまった過去。それを持ち出されたので自動反応的に否定してしまったじゃ。

⑫うまいの。わしの心の底に潜って触れておるからこそ、どう言えばわしがどう反応するか、きちんと計算できておる。

⑬あっぱれじゃ！　見事に心の底に潜られ、見事に誘導されてしまったの。

「いや、わしがいとも簡単にコントロールされたことが気に入らん」

「ということは……」

「うむ、ファンラバーに対しての禁断の心理話術、見事じゃ」

「ありがとうございます！」

「自分に対して行われたのはわしも初めてじゃが、あっけないほど簡単に従ってしまうものじゃの」

「正直、どのような気分なのでしょうか？」

「君の手の中でいいように転がされた気分のことかの？」

「そのように言われてしまうと、罪悪感にさいなまれます」

「……悪くないぞい」

「えっ、そうなのですか。私、反対だと思っていました」

「体験に勝る勉強なしじゃ。次の章では、君自身がこの感覚を味わいたまえ」

「はい、楽しみにしております」

【エニアプロファイル6】

実は日本人に多く存在する「バランサー」

さて、エニアプロファイルの旅もいよいよ最後になりました。

この章でお伝えするのは「バランサー」。

ですが、パターンはこれまでと違って、エニアプロファイルに必要な特徴の説明はすべて割愛いたします。なぜなら、「タイプが分からない相手の場合、まずはバランサーと考える」という緊急避難用に使っていただきたいからです。

私やSECRET6メンバーの実感では、こんな大ざっぱな感じでも相当の効果を発揮しました。

理由は2つ。

1. 日本人に一番多いのがバランサーだから

2. 日本という国自体がバランサー的な国だから

お互いが補完し合っているような理由ですが、聖徳太子の時代から続く「和を以《もっ》て貴《とうと》しとなす」という日本の文化、「おもてなし」を大切にする日本の気風、日本好き外国人が「Polite（礼儀正しい）」「Punctual（厳格）」「Hard-working（働きアリ）」と形容する日本の国民性……これすべてバランサーの特徴に重なります。

つまり、日本で暮らしている限り、どのタイプでもバランサー的な気質の影響をかなり深く受けているので「迷ったらバランサー」は非常に有効ということなのです。

「これまでの博士の発言から考えると、私はバランサーなのですよね」

「まず間違いないとエニアプロファイルしておるが、どうしたのじゃ？」

「自分ではしっくりきていないものですから」

「多くのバランサーがそうなのじゃ」

「どういうことでしょう？」

「多くのバランサーは『自分はバランサーではない』と感じておる」

「なぜですか？」

「バランサーは、もっともバランスよくすべてのタイプを内包しているからじゃ」

「なんとなく分かります。これまでの5つのタイプの特徴を聞いていても【それは自分のことだ】と感じることが多々ありましたから」

「それゆえ自己タイプの特定に迷うのじゃ」

「自分のことなのにこんなに分からないとは……博士、お願いします。もっとバランサーの特徴を教えてください」

「いいや、あえて特徴は教えん！」

「ええ〜っ！（フグ田マスオ調で）」

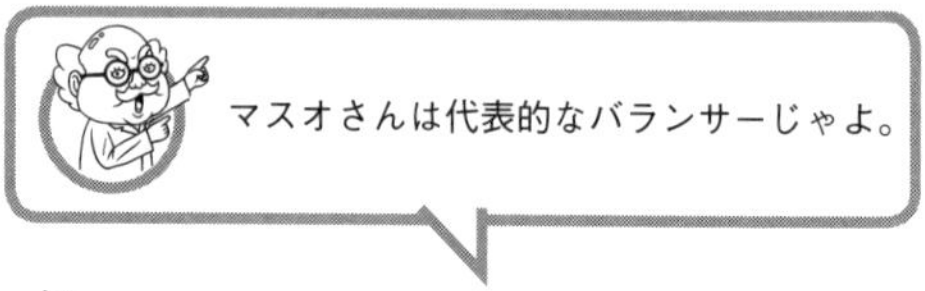

バランサーについては、外見や話し方の特徴は挙げていきません。ほかのタイプにプロファイルできない人をバランサーと見ていくからですが、そのほかにも、バランサーは非常にエニアプロファイルしにくいという理由もあります。

バランサーはほかのタイプに比べて外見や話し方がバラエティに富んでいて、本当にいろいろな見え方をするのでエニアプロファイルしにくいのです。

【人物像】

スポーツ選手だとこんな方々がバランサーです。

イチロー／長谷部誠／瀬古利彦／浅田真央／安藤美姫／高橋尚子

俳優ならこんな方々。

織田裕二／中村獅童／真田広之／押切もえ／菊池桃子／IMALU

芸能人ならこんな方々です。

小堺一機／田村亮（ロンドンブーツ1号2号）／中川剛（中川家）〈以下、敬称略〉

いかがでしょう？

ちなみにのび太君やルーク・スカイウォーカーもバランサー。

なんとなくの共通点はあるようなものの、これまで紹介してきた5つのタイプに比べ、人物のテイストが実にバラエティ豊かだと思いませんか？

ほかのタイプに比べてバランサーは、あらゆるタイプをバランスよく内包しているため、様々な見え方がするのです。

「著名人の一覧を見ると、柔らかでフレンドリーな方から、真面目で几帳面な方まで、たしかにいろんなタイプがいらっしゃいます」

「うむ、見え方としてはそうじゃな。しかし、ほかのタイプと同じで、無意識下には共通した恐れや欲望を抱えておる」

「私の中にも、先ほどの著名な方々と共通点があるということでしょうか？」

「その通りじゃ。それは……」

「はい」

「なんじゃと思う？」

「……分かりません。分からないから困惑をしております」

「ヒントは、利根川博士の名前が出たときの君の言動の中にある。8ページの話じゃが、ちょっとここでプレイバックしてみるかの」

「博士のご指示ですからやってはみますが……サル、ですよね？」

「サルじゃよ。それがどうした？」

「人の心の操作法がサルから学べるものでしょうか？」

「なっ！　なんじゃその言い方は！　サルをバカにするでない！　しょせん我々人間など舞い上がったサルのレベルじゃ。それが証拠に、君がいまありがたがって学んでいる【マズローの人間精神心理学】、あれは元を正せばアカゲザルの生態研究じゃ」

「そっ、そうなんですか？」

「ほかにも、ノーベル生理学・医学賞を受賞した利根川進先生」

「私の尊敬する利根川先生！」

「その先生がセンター長を務める理研脳科学総合研究センターの視床発生研究チームが2012年、新生児の広範な脳領域において26個の遺伝子の発現様式を、コモンマーモセットを使うことで明らかにしておる」

「ごっ、拷問麻婆セット？　酷く辛そうな感じですが……」

「君、わざと間違えとるじゃろ。コモンマーモセット！　この本の著者も飼っておる小型のサルじゃ」

「私の尊敬する利根川先生もサルを使って実験をしていたわけですか！」

「どうじゃ、裏付け実験を進めてくれる気になったか？」

「はい、任せてください！　すぐ準備にかかります」

「というわけじゃが、分かったかの？」

「ますますもって分かりません」

「やはり自分のことは自分が一番分からんか……」

バランサーは、不安のアンテナが発達している

バランサーは不安なのです。

なぜ不安か自分でも分からないけれど、とにかくとても不安なのです。

バランサーは、将来起こるかもしれない最悪の可能性に対して不安であり、その最悪の可能性に対して備えができていないことが不安であり、あるいは備えていたとしても、その備えが本当に正しいかどうか不安なのです。

実際には、なにも起きていないにもかかわらず、です。

ほかのタイプと違い外見に大きな共通項がないので、
内面に焦点を当てた愛称になっておるのじゃ。

その不安を消そうと、物事をいろいろな角度から検証するため、行動する前にはたくさんの時間が必要。検証を重ねても不安が消えず行動に移れない場合も多々あるので「石橋を叩いて壊すタイプ」とも言われます。

バランサーの場合、何かを選択したり行動したりする際、自然反応的に漠然とした不安が頭に浮かびます。不安になると心が動いて「どうしよう、どうしよう」となります。周りの人に「こんな問題が起きるかもしれないから対策を練らないと」と持ちかけることもあるでしょう。

不安で心が動くと、その心を平静にも保つために、また頭で考えます。

頭で考えるとさらに不安が募り、それでまた心が動き、心が動くから頭で考え、それで心が動きまた頭で考え……夜も眠れなくなってしまう。

揺れる中で自分の心や頭を平衡に保とうとするから、「バランサー」という名前がついています。

バランサーは、相手から見ても揺れ動いて見えます。

あるときはフレンドリーこの上ないのに、あるときは類を見ない冷淡。

あるときはとても頼れる人なのに、あるときはエクストリームな意地悪。
あるときは家康のように慎重なのに、あるときは信長のように大胆。
この両極端のどちらの心情も態度も、バランサーにとっては真実なのです。

「分かります。私の中にもいつも漠然とした不安がありますから」

「その不安は言葉にすると、どんな感じじゃ？」

「これでいいのか？　間違っていないか？　考え忘れはないか？　準備不足はないか？　信じていいのか？」

「その不安を打ち消すために、君はどうする？」

「努力をします。突き詰めて考えて、最大限に準備をします」

「考えて準備をすれば不安はなくなるのか？」

「……いえ、そうするとまた別の不安が出てきます……」

「じゃから君はマズローや利根川博士の名前に飛びついたのじゃ」

「どういうことでしょう？」

「国際的に権威のあるマズローや利根川博士がやっていることなら信頼ができると考えたのじゃ。そして、その信頼が不安を打ち消し、前向きに取り組む気になったのじゃよ」

「自分ではまったくそんな意識はないですが」

「なくて当然。心の底にある恐れや欲求への反応や行動は、無意識に行われるのじゃから」

「恐ろしいです」

「うむ、ではバランサーの内面を見ていこうかの」

バランサーは「自力では生存できないのでは」と恐れている

なぜバランサーが不安を抱えているかと言いますと、「自力では生存できないのでは……」という無意識下の恐れがあるからです。

群をなす生物を思ってください。

生きていくために、彼らは決められたルールに従って生きています。

たとえば、ボス猿への異常なほどの権力集中や、ゾウアザラシのハーレム制や、クロヤマアリがサムライアリの奴隷《どれい》として仕えることなどは、普通に考えれば理不尽この上ないルールです。なのに従うのは、そうすれば生きていけるからです。

逆に、ボス猿に逆らって群れから追放されたらどうでしょう？

ワシやヒョウに喰われるか、食べ物が手に入らず飢《う》えるか、いずれにしても待っているのは死しかありません。

バランサーの抱える「自力では生存できないのでは……」という不安は、追放された猿の「生存できない」という強い不安と同じ種類のものであり、だからこそ強烈なのです。

バランサーはこの無意識下の恐れから逃れるため、「安全でありたい」という無意識下の欲求を持っています。

バランサーを操る鍵

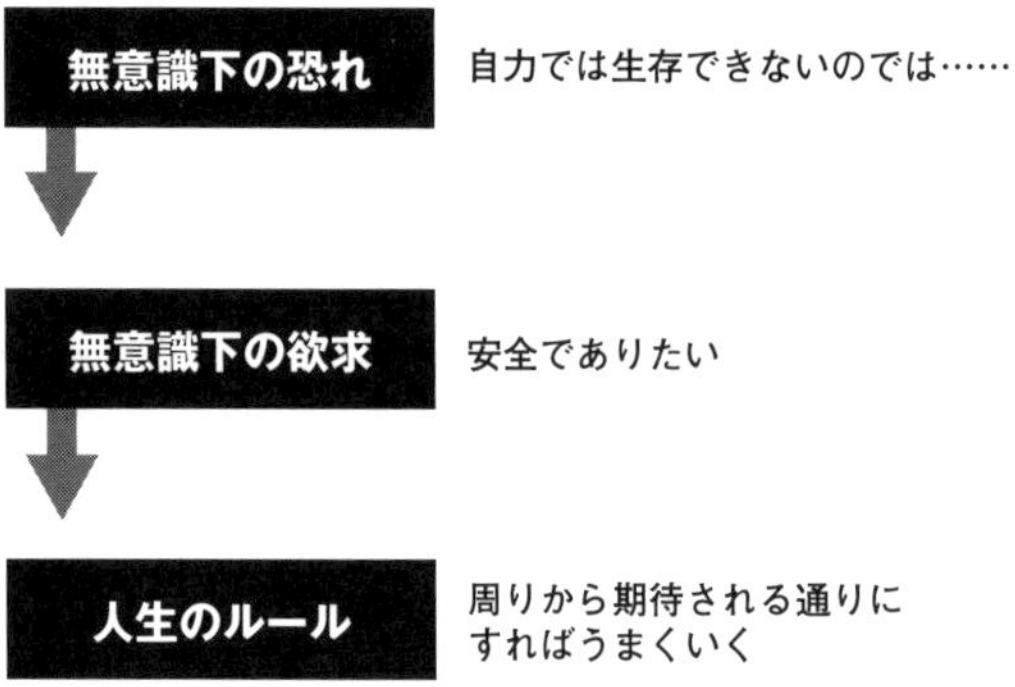
無意識下の恐れ
自力では生存できないのでは……
無意識下の欲求
安全でありたい
人生のルール
周りから期待される通りに
すればうまくいく

「自分が何を信じることができるか」が人生の大きなテーマであり、「周りから期待される通りにすればうまくいく」というルールの元に人生を生きています（もちろん無意識的にです）。

「群れからはじき出された猿を想像したら身震いしました」

「そうじゃろうな。それを感じたところで質問じゃが、君は、なぜ父上とうまくいっていないと思う？」

「父は小さな工場を経営していますから、研究職の私とは……」

「そんな役割レベルの話は聞いておらん！　分かっとらんようじゃから、君と父上の事例をここで見てみようではないか」

助手が帰省し、父親の経営する工場の事務室で2人で話をしたときのこと……

「どうだ、調子は？　教授にはなれそうなのか？」

「いや、うちの研究所は大学に所属しているわけじゃないから、教授とかにはなれないよ」

「ふん、教授にもなれないようなところで働いているのか」

「大学では自由に研究できない分野を専門にしているんだから仕方ないだろ」

「ものは言い様だな。別の言い方すれば、世間様に認めてもらえないということじゃないか」

「そういう言い方はやめてよ。博士は学会で賞を取った偉い人なんだし」

「おまえの先生の名前なんて誰も知らないぞ」

「研究者の名前なんて、一般の人たちは普通知らないよ」

「おれは知ってるぞ、利根川さんに、湯川さんに……」

「みんなノーベル賞を受賞している人たちじゃないか」

「知ってることには変わりない」

「授賞式では、そういう立派な先生方も博士の研究を認めてくれたんだ!」

「じゃあ、もっと給料もらってもいいはずじゃないか」

「研究にはお金がかかるから……」

「おまえはその博士とやらにいいように使われているだけだ。悪いことは言わん。そんな研究所やめてこの工場やれ」

「絶対に嫌だ。心理の研究ばかりで工場のことなんてまったく分からないし、経営も苦手だし、そもそもこれからの時代、町工場ってつぶれる運命にあるんだろ。そんな未来のない場所でなんて安心して働けないよ」

「なんてことを言うんだ！　おれの作る製品は日本だけじゃなくて世界で認められてるんだぞ。つぶれるわけない！」

「うちのより高性能で低単価の製品が出てきたら？」

「うちの製品は特許を取っているから、マネされることはない！」

「うちレベルで取れた特許だろ。そこに引っかからないようなもっといい製品なんてすぐに作られちゃうよ」

「おまえは自分の父親が、じいちゃんから受け継いできた技術が信じられんのか！」

「お父さんが僕の研究を信じられないのと同じじゃない！」

「なんだその言い方は！　もういい！　出て行け！」

「言われなくたって、出て行くよ！」

「こうして文字で読んでみて、どうじゃ？」

「典型的な、罵《ののし》り合いで恥ずかしいです」

「どうすれば、こうならないと思うかの？」

「私がビッグボスのエニアプロファイルを使って父親に歩み寄る」

「それも1つの方法じゃな。けれど、この項はバランサーの研究じゃ。父上が君に歩み寄るとしよう」

「それは……えぇ－……申し訳ありません。やはり、自分のことは分かりません」

「では、君の禁断の心理話術を見ていくことにしようか」

【禁断の心理話術】
バランサーにはとにかく「安心」を提供する！

バランサーに対応する際は、群れから追放された猿の気持ちになってください。
あなたは、群れから外され、あてもなくさまよっている猿。
なにを最優先しますか？

もちろん「生存すること」ですよね。そのために危険を避けようとするでしょうし、だから、いろいろなことに過敏に反応するに違いありません。

そんなあなたの前に、見知らぬ相手が現れてコンタクトを取ってきたらどうでしょう？

なにを真っ先に考えますか？

「敵か味方か？」「信頼できるか？」ではないですか？

簡単には信頼しないでしょうし、信頼できるまで決して心を許さないでしょうし、群れの中にいるときよりはるかに疑り深くもなっているでしょう。

そんな相手にどう接すればいいか、バランサーに対する禁断の心理話術はここにつきます。つまり、「安心」してもらい「信頼」してもらうために行動することがなによりも重要ということです。

またバランサーの特徴的な行動として、「お試しタイム」があります。

「ではこれでいきましょうか」となったところで、「あと一歩、値段頑張れないですか？」と言ったり「もう一度持ち帰って検討させてください」と言ったりするのです。

自分がしようとしている決断は正しいのか、ひょっとして間違った選択をしてしまうのではないか……そういう不安が自動反応的に首をもたげてくるからです。

これは無意識下の恐れに根差しているので避けようがありません。しかし逆に言うと、この場面はバランサーに「信頼できる相手」として認めてもらえるチャンスでもあります。


バランサーは大切なタイプなので、SECRET6で実際にあった事例をご紹介しましょう。事例報告者の真田さんによって「お試しタイム×2」とタイトルをつけられた話です。


引っ越しの見積もり依頼があってご家庭を訪問した際の奥様のことです。

「3社を比べているので、いまここで契約することはない」と最初に言われてスタート。立ち居振る舞いからバランサーを疑ってお話を伺っていると、「心配」「不安」という単語がよく出てきましたので、「バランサー」だとプロファイルして対応。

ほかの業者がピント外れな提案をしている中、エニアプロファイルのおかげで的を射た対応ができたので、奥様から良い心証をいただけたと感じて帰りました（具体的に、どのような対応をしたのかは企業秘密です）。

次の日、旦那《だんな》様から電話がありました。

「最終結論を出すところだが、最後に何かできることはないか」という内容でした。

こう言われると他社は値引きをするかもしれませんが、私はバランサーだとプロファイルをしていましたので、値引き以外のサービスをご提案しました。

「嫁に聞いてみます」と言って電話を切られたすぐあとに、奥様から電話があり「安心しました。これで値段が下ったらあなたを信用できなくなるところでしたし、最後に気持ちを見せていただけたことで主人も納得してくれました。おたくに決めます」とご契約いただけました。

ところが数日後、奥様から私の携帯に電話があり「キャンセルしたい」とおっしゃるのです。

事情を伺ってみると私の会社の連絡ミスで、約束していたものがご指定いただいた日に届かなかったとのこと。「もう信用ができないのでキャンセルしたい」というお話でした。

あってはいけないミスです。奥様がご立腹になるのも分かります。それでも直接連絡がもらえたということはまだチャンスがあると思い、お詫びを申し上げたあと「他人任せにできないので、引っ越し当日は私が立ち合います」とお話しすると、「そういうことを期待していました」と奥様。

「私はあなたを信用して仕事を頼んだ。会社は信用できないけれど、あなたが責任を持って立ち会っていただけるならお任せしたい」と言っていただき、無事に引っ越しさせていただくことができました。

奥様はバランサーだろうとプロファイルしていたので、欲しているのは「安心」であり「信頼」であること、その確認を得るためにお試しタイムがくるだろうと予測していました。そのおかげで契約を失うことがありませんでしたし、なにより奥様にご満足いただける引っ越しができたことをうれしく思っております。


素晴らしい事例です。

バランサーらしい反応と、それに対する素晴らしい対応です。

あなたも忘れないでください。

バランサーが質問をしてきたとして、欲しいのは解答ではありません。

「安心させて」と言っているのです。

バランサーが値引きを要求してきたとして、欲しいのは最安値ではありません。

「信頼させて」と言っているのです。

だから、このお試し行為がきたら、逆に「よし！」と喜んで、バランサーに「安心」「信頼」を届けられるよう務めてみてください。

【バランサーへの禁断のキーワード】

「私もそうです」

「絶対××させません（ただし、バランサーが納得できる証拠が必要）」

たとえば、「絶対損させません」とか「絶対後悔させません」とかじゃな。そこまで言えないときは「大丈夫です」でも大丈夫じゃ！

「この事例の奥様のこと、驚くほどよく分かります」

「どういうことじゃ？」

「私のことをお話しさせていただいてよろしいでしょうか？」

「もちろんじゃ」

「私が父と話をしているとき、一番悲しくまた頭にきたのは、私の仕事を①認めてくれていないこと

「解説じゃ！」

マズローによると人間の欲求は、「生理的欲求」が満たされると「安全の欲求」が生まれ、そうした物理的欲求が満たされると、「所属と愛の欲求」「承認の欲求」「自己実現の欲求」と精神的欲求が高まっていくのじゃ。

でした」

「それは②マズローでいう承認欲求の問題かの」

「それもなくはないですが、大きくは違います」

「というと、なんなのじゃ？」

「私は、③博士と博士の研究を信じております。それをあんな言い方されて……裏切られた気持ちで一杯になりました」

「約束を守ってもらえなかったときの奥様の気持ちと近いものかの」

「基本は同じですが、父と子ですから。何倍も大きいと思います」

「たしかにそうじゃ。すまんかったの」

「奥様の例でいうなら、④不安に思う気持ちもよく分かりました」

「具体的に教えてくれるか？」

「⑤間違った選択をしたくないのです。私の場合で

---

①頑張り屋のバランサーにとって、その姿を認めてもらえないことは心を閉ざす一番の原因となるのじゃよ。

②「マズローの欲求5段階説」のことじゃ。

③バランサーにとって、自分が信頼を寄せるものを攻撃されるのは堪え難いことなのじゃ。

④まだ起きてもいないことに対して、頭の中で浮かんだ不安じゃな。

⑤「選択」には常にババをつかむ可能性があるからの。「安全である」ことを求めるバランサーにとっては慎重にならざるを得ないのじゃ。

言うと、父が私に工場を継がせたいと思っていることは知っております。しかし私は、⑥町工場がいつまで必要とされるのか不安なのです。いくら進んだ技術でも⑦大企業が参入してくると負けてしまうという不安も小さくありません」

「大企業が君の業種に入ってくるなど、現実には起こりそうもないことじゃがの」

「⑧分かっていても最悪を考えてしまうのです。不安になってしまうのです。父が大きな声で⑨『大丈夫！』と繰り返すほどに、不安は大きくなってしまいました」

「君が欲しかったのはなんじゃ？」

「⑩安心、なのだと思います」

「うむ、そのあたりは君の父上に伝えておいた。ここも時間を巻き戻して見てみよ

---

⑥⑦これまた起きてもいないことに対しての、頭の中で浮かんだ不安じゃな。

⑧じゃから、バランサーはシミュレーターとして、またトラブルバスターとして素晴らしい手腕を発揮するのじゃ。

⑨納得できる理由や根拠のない「大丈夫」は、より不安を大きくするから注意が必要じゃ。

⑩ここが鍵じゃ！

うじゃないか」

「分かりました。実験のために、行ってきます」

◆助手への父親の禁断の心理話術

「どうだ、調子は。教授にはなれそうなのか?」

「いや、うちの研究所は大学に所属しているわけじゃないから、教授とかにはなれないよ」

「そうなのか……父さんな、おまえが①ずっと頑張っているからこそ聞くんだが、おまえはそれでいいのか?」

「うん、いい。いまの研究が続けられれば僕は幸せだよ」

「そうか、うん、②その幸せは分かるぞ。おれもこんな小さな工場だが、自分の思う仕事ができているから幸せだしな」

「解説じゃ!」

①ここ、いきなりチェックポイントじゃ! バランサーの心に潜る第1段階として、バランサーが真摯に取り組んでいること、頑張っている姿を労うのはとても重要じゃ。忘れるでないぞい。

②禁断心理話術じゃな。使うタイミングもよいの。「自分もそうだ」と寄り添うことは、バランサーが心を開くのに必要な言葉じゃからの。

「幸せって言えば、博士から直接教えてもらえることも幸せかな」

「おれの勉強不足でおまえの先生の名前はまったく知らんが、③おまえがそこまで言うなら立派な先生なんだろうな」

「うん、とても立派な先生だよ。信頼してる」

「④おまえは幸せ者だな。そこまで信頼できる先生の元で働けて」

「ありがとう。いつか父さんにも紹介するよ」

「楽しみにしているよ。それでな、その先生の下でおまえが気の済むまで研究して、ひと段落ついたらでいいんだが……」

「なに？」

「この工場をやることを考えてくれないか？」

「⑤えっ？　そんなこと言われても工場のことなんてまったく分からないし、経営も苦手だし、そ

---

③バランサーの「信頼するもの」を認める。心の底に潜っていく準備段階で必要なことじゃ。

④さらに一歩進んで「正しい選択していること」を認める。これはバランサーにとって人生のシュガー。助手君の心が緩んできたのが、表情からも分かるわい。

⑤いまやっていることと、まったく違うこと新しいこと、どちらが安全かと言えば当然、前者じゃ。もっと言えば、新しいことでは「自力で生存できない」可能性もゼロではない。じゃから新しいことを前にするとバランサーは不安を感じ、拒絶や懐疑を示してしまうのじゃ。いわゆる自動反応じゃな。

もそもこれからの時代、町工場ってつぶれる運命にあるんじゃないの？」

「そう心配するのは分かる。日本全体で言えば、⑥町工場に明るい未来は少ないからな」

「だったら……」

「おまえ、この工場見てなにを感じる？」

「正直に言えば、古い、かな」

「その通りだ。⑦この工場は古い。じいちゃんが使っていた機械ばかりで動かしている。が、これを見てくれ（助手の前に賞状の写真が何枚も置かれる）。じいちゃんとおれがもらった⑧技術賞の賞状だ」

「こんなにたくさん？」

「それからこれ（助手の前に専門紙が何冊も置かれる）。⑨取材もかなり受けている」

「知らなかった。うちの製品ってこんなに評価高い

---

⑥その不安をしっかりと受け止めることは重要じゃ。バランサーの頭に浮かんだ不安は消えることはないのじゃから。事実は事実として、自分も認識していることをしっかり伝える。それがバランサーの求める「信頼」へとつながっていくのじゃ。

⑦ここはナイス判断じゃ！　バランサーが事実として認識し不安に感じていることを否定してはいけないからの。

⑧⑨バランサーの納得を得るために、第三者が示した証拠は非常に有効じゃ。それが公に認められているものや権威あるものであればあるほど、説得力は増すの。

ここも事実を事実として捉えておるから、バランサーに信頼を与えるの。

んだ」

「だから大丈夫。⑩絶対につぶれることはない」

「けど、⑪うちのより高性能で低単価の製品が出てきたら？」

「特許なんだ、うちの製法。もちろん、うちレベルの工場の特許だから大手企業が本気を出したらもっといい製品を作られてしまうだろうけど、その可能性は⑫絶対ない」

「どうして？」

「マーケットが小さいからさ。うちにとっては十分な大きさでも、大手企業にとっては採算が取れないから入ってくる心配はない」

「⑬マーケットが突然大きくなったら？」

「先行者利益をガッポリいただけるから、それこそ願ったり叶ったりだ」

「たとえつぶれないとしても、工場のことや⑭経営

---

⑩禁断の心理話術じゃな。客観的な事実の積み上げがあるからこそ、この言葉が効果を生むことを忘れるでないぞ。

⑪⑬つぶしてもつぶしてもバランサーの不安が消えることはないのじゃ。

⑫その不安に、あいまいでなく断言をする。心の底が見えてきたら、こういうストレートな禁断の心理話術が効果をあらわすぞい。

のことは分からないからできないよ」

「銀田さんいるだろ?」

「うちのメインバンクの支店長さん?」

「おまえが工場やるなら、後見人になるって言ってくれてる」

「それは頼もしいけど、銀行マンは⑮転勤があるからあてにはできないでしょう?」

「転勤になったら退職して、うちのコンサルをしてくださるそうだ」

「コンサルなんて。⑯そんなお金うち払えるの?」

「おまえがそんなに心配するなんて工場来てくる気になったのか(笑)」

「そうじゃないよ。もし、って考えただけさ」

「そうだよな。まずは⑰先生の下で立派な研究をしなさい。そのあと、じいちゃんとか父さんとかの想いが伝わったら、⑱工場のことも考えてくれ」

---

⑭1つの不安が消えたら、次の不安が頭をもたげたようじゃな。これも1つの「お試しタイム」の形じゃの。

⑮⑯つぶしてもつぶしてもついえることのないバランサーの不安が、再び登場じゃ。

⑰これは素晴らしい。バランサーの頭と心が揺れ始めたら、その場での結論は望めないからの。相手にいったん預けるのはナイスじゃよ!

⑱これもナイスじゃの。最後にしっかりと考えてもらえるよう楔(アンカー)を打つ。真面目なバランサーにはよく効くスキルじゃ。

「そうなったら考えるけど、期待しないでね」

「どうじゃ」

「率直に言ってよろしいでしょうか？」

「もちろんじゃ」

「工場をやるのも悪くないと思いました」

「するとわしは、優秀な助手を失うことになるのかの」

「もちろん、いますぐではありません。まだまだ側で勉強させていただいて、いつの日にかということです。ですが、とても不思議です。いままで私、まったくそのようなことを考えたことなかったのに……」

「これがエニアプロファイルの力じゃ」

「体験してはじめて分かりました」

「気分はどうじゃ？」

「はい、先ほど博士がおっしゃった通り、嫌な気持ちではありません」

「うむ」

「自然に気持ちが流れていって、かゆいところを絶妙にケアしてもらったような、どちらかというといい気分です」

「なにが君の心をそうしたと考える？」

「えっ？　エニアプロファイルなんでは？」

「残念ながら違うぞい。エニアプロファイルは心の底に潜って行く技術じゃ。心の底に潜ってから心をいい気分にするには、**相手との間に信頼関係が必要なのじゃ**」

「信頼関係……」

「うむ。エニアプロファイルを単なるスキルとして使ってはいかんということじゃ。次章から、エニアプロファイルの具体的な使い方や、使う際の注意点を話していくこととしよう」

「いよいよ実践編ですね。楽しみです！」

第4章

エニアプロファイル実践編

相手があなたに完全に心を操られるまで！

初対面の相手を操るのに最大の効果を発揮するエニアプロファイル

あなたがエニアプロファイルを使いたいと考えている場面はどこですか？

ビジネスシーンでの活用を考えているなら、

1. 営業や接客などのセールス
2. 上司あるいは部下に対しての社内コミュニケーション
3. コンサルタントやコーチなど専門家の立場での指導

プライベートでの活用を考えているなら、

1. 恋愛関係
2. 親子関係
3. 友人・知人関係

大きくこの6つではないでしょうか?

エニアプロファイルの活用を考えたとき、この6つのシーンは大きく2つに分類されます。どのように分類されるか分かりますか?

「これは簡単です」

「自信満々じゃな」

「はい、何度かエニアプロファイルを使ったことがある人なら誰でも分かると思います」

「では、答えを聞こうかの」

「タイプをプロファイルするまでに与えられる時間の長さです」

「あっぱれ、その通りじゃ！」

「ありがとうございます」

「君はどのような場面でそれを体感したのじゃ？」

「押恵さんの場合には、すでに押恵さんのことを多く知っておりましたので、じっくりと初期エニアプロファイルできましたし、その後の会話や観察する時間もたっぷりとありました。父の場合も同じです」

「うむ、どんな立場でも近しい関係の場合は、時間的に恵まれておるの」

「華形さんの場合は、会える機会は一度しかなかったので瞬時の判断が要求されました。事前に情報をもらっていたのでなんとかなりましたが、仮にそれらがなかったとしたらエニアプロファイルできたか自信がありません」

「素晴らしいの。さすがわしの助手、見事な分析力じゃ」

「ありがとうございます。この実践編で、瞬時のエニアプロファイルについて学べると期待しています」

「そうか、では、ご期待通りに動きたいの」

「よろしくお願いします」

「いやいや、いまのダジャレじゃから笑ってくれんと……」

第2章の冒頭でお話しした通り、エニアプロファイルは以下の流れで進めていきます。

1. 第一印象（初対面から3分以内）

2. 初期エニアプロファイル（2～3タイプに絞る）

3. 観察
4. 最終エニアプロファイル（1タイプに絞り込む）
5. 禁断の心理話術

ここでエニアプロファイルに費やせる時間を考えてみましょう。

「社内コミュニケーション」「親子関係」では、「観察」をする時間はタップリとあります。

より深く観察したい場合、会社関係なら飲みながらじっくり話を聞くことができますし、親子なら旅行に出かけたりすれば、いつもはしない話もできるでしょう。

つまり、時間的には恵まれているわけです。極端なことを言えば、初期エニアプロファイルをいっさいせず、すべてのタイプを疑って1つひとつ検証していってもいいわけです。

「専門家の立場での指導」や「友人・知人関係」も、通常は複数回会う関係です。また個人的な質問を不自然な形ですることもできるでしょうから、ここまでの知識でエニアプロファイルを使っていただけると思います。

では、はじめてお目にかかるお客様へのセールスと、ひと目で気に入ってしまった異性へのアプローチはどうでしょう。

まったく違いますよね？

短時間でエニアプロファイルし、効果的な対応をしないと望む結果は手に入りませんよね？

しかし、ご安心ください。

エニアプロファイルは、実はこのシーンでもっとも力を発揮します。

さすがに3分や5分でエニアプロファイルすることは難しいですが、10分あればプロファイル可能。逆に言えば、この「短時間で結果を出す」方式さえ身につけてしまえば、時間をたくさん取ることができる前述の関係は、より効果的に、効率的にエニアプロファイルできるということです。

ここからは「ビジネスシーンでの実践」に絞り、相手を完全に信じ込ませるための、重要なスキルを2つお伝えしていきます。

まず、予備知識なしに会話をご覧ください。

◆【実践例】初対面の相手にエニアプロファイルを使ってセールスする

法人へ保険を販売しているS君が、お世話になっている方の紹介で、通販会社の社長をはじめて訪問した。応接ブースに通されたS君の前に現れたのはどちらかというと小柄な社長。しかし体格はよく、声が大きく、明るい感じがしたので、初期エニアプロファイルとして「スマイリー」か「ファンラバー」か「ビッグボス」と疑って商談をスタートした。

S君「はじめまして、X社長のご紹介で参りましたSと申します」
社長「どうも。Xさんの紹介だと会わないわけにはいかないからな」
S君「お忙しいところお時間いただきありがとうございます」
社長「ちっとも忙しくないよ。なんなら忙しくなるように仕事紹介してよ」
S君「お力になれるように心がけておきます」
社長「本当に頼むよ」
S君「たとえば、どのようなご紹介をさせていただければよろしいでしょうか？」

社長「芸能人でさ、グッズ作りたい人とか知らない？」
S君「芸能人で？」
社長「毎日テレビでてるような人がいいな」
S君「すぐには思いつきませんが、御社はそういった関係がお強いのですか？」
社長「うん、いまはそんな感じかな」
S君「いまは、とおっしゃると以前は違ったのですか？」
社長「全然違ったね」
S君「違った？」
社長「通販会社でもなかったからな」
S君「通販会社でも？」
社長「うん、店をやってたんだ」
S君「お店を？」
社長「そう、クリエイター系の雑貨店。おれの周りに自分で作っているやつらが多くてさ。やつらの商品を売ってたんだよ。食えない仲間のためにって立ち上げたところがうまくトレンドに乗ってね。小さなショップだったおれの下に『その商品卸してください』って、北は網走から南は鹿児島までいろんなショップから問い合わせがきてさ。それで卸業を始めたってわけだ」
S君「それで卸業を」
社長「トントン拍子っていうのはあの時代のことというんだろうな。毎晩仲間で酒盛りしてたよ」
S君「酒盛りを！」
社長「それまでみんな苦しかったからな。その分、爆発したって感じだろうな」
S君「社長はそれまではなにをされていたんですか？」
社長「おれ？　それまで？　車のセールスマン」
S君「車のセールスマン！」
社長「全然違うだろ（笑）。結婚してガキができてなんとか食わせなきゃいけないけど、手に職がなかったし、だからトラック転がすか、荷物運ぶかって考えてたところに、先輩から『おまえ弁が立つからセールスマンやれよ』って誘われて。5年くらいやってたよ」
S君「セールスマンを……」
社長「うん、そのとき一番贔屓にしてくれた客が趣味人っていうの？　不動産とか株とかいっぱい持ってて、それで十分生きていけるから、本人は趣味で雑貨を作っててさ」

S君「趣味で？」

社長「気にくわないだろ（笑）」

S君「いえ、とても羨ましいです」

社長「おれは気にくわなかったな。毎日頭下げてやっとオマンマ食えるっていうのに、やっこさんは毎日ネジをいじくってるだけで優雅な生活ができるんだぜ。同じ人間で、どうしてもこうも違うのかって腹も立ったな」

S君「ネジを？」

社長「そう、ネジアートって分かる？」

S君「あっ、分かります。ボルトやナット使って動物や怪獣を作るのですよね」

社長「それそれ、それをやってたんだよ」

S君「ネジアートをやられてたんですね」

社長「ところが何回か通ううちに、やっこさん生まれついての病気で普通には働けないって分かってさ。そんなときに『この子たち、売れないですかね』って、ネジアートを差し出されたんだ。自分は自分の力でお金を稼いだことがない。

だからネジアートを売ってお金を稼いでみたい。けれどやり方が分からない。あなたなら教えてもらえると思ってって、頭を畳にすりつけてお願いされてさ。おれグッときちゃってよ。任せとけ、売ってやるって（笑）」
S君「畳に！」
社長「そうなんだ。で、店を出したってわけ」
S君「そうなんですね。その方、社長のお気持ちに感激されたでしょうね」
社長「さぁどうかな、おれも稼がせてもらったわけだしな。いや、懐かしいな……あっ、ごめんごめん。なんかおればっかりしゃべっちゃったな。今日は営業に来たんだろ？」
S君「営業より社長のお話を伺っているほうが勉強になります」
社長「お世辞はいいから早く営業しろよ」
S君「では1つ質問させてください。社長の夢や目標ってなんですか？」
社長「店だな。もう一度、店がやりたい。いまはなんでもネットで買えちゃうし、おれなんかそれで食わせてもらってるけど、それって、わざわざ行きたいと思う店がないからでもあるんだよね。じゃあおれが作ってやろうってさ。来たくなるし、来れば仲間になりたくなる店。そんな店がやりたいな」

S君「素晴らしいですね。お話を伺っているだけで社長のお店に行きたくなりました。私もぜひ応援させていただきたいのですが、そのお店を開店されるために社長がいま一番お困りのことってなんでしょうか?」

「実にうまい誘導話法じゃ」

「この会話にこれから教えていただく2つのスキルが使われているのですか?」

「というか、その2つしかないと言えよう」

「一見、普通の会話に見えますが……」

「気づいたことはまったくないかの?」

「相手の話を聞きながら、エニアプロファイルに必要な情報を得ていますね」

「うむ、君はどうエニアプロファイルする?」

「最初は【ファンラバー】かと思いました」

「うむ、やることを次々変えるあたりは、わし(ファンラバー)っぽいの」

「しかし、話の中で出てきた【仲間】という単語や、【頼られたからには自分が】という気持ちで【ビッグボス】とプロファイルしました」

ノンバーバル情報で有名なのは、米心理学者、アルバート・マレービアン博士による「マレービアンの法則」で、顔の表情や声の質・大きさ・テンポで、その人を93%判断しているというものじゃ。

「あっぱれじゃ！　そこまでエニアプロファイルできるとは進歩したの」

「ただこの方、小柄のようですが……」

「文字では伝わらない情報じゃが、声のデカさと、椅子にドカッと座った態度、はじめのうち腕を組んでいたときの威圧感などは、身体の大きさにかかわらず圧力があった」

「はい、私もそういったノンバーバル情報を多く参考にしました」

「で？」

「で、とはどういう意味でしょうか？」

「エニアプロファイルのことは分かった。が、先の会話にはもっと大切なことがある。それを分かったかと聞いてるのじゃ」

「エニアプロファイルより大切なこと？」

「そうじゃ、気づいたことを聞かせてくれ」

「えっ、そ、それは……えーと……」

「まさか！」

「はい」

「分からんというのじゃあるまいな！」

「申し訳ありません。わかりません」

「バカもん！　これまでわしの話のどこを聞いておった。エニアプロファイルは相手との間に信頼関係があってはじめて力を発揮する、と先ほども教えたばかりじゃろう。相手からの信頼なしのエニアプロファイルなど単なる当てっこじゃ。相手のタイプが分かってもなんの効果も生まんわい。いや、それどころか、逆に相手の心に抵抗を生むことにもつながる。よいか、二度と忘れてはならん。**エニアプロファイルには相手との信頼関係が必要不可欠なのじゃ！**」

よいか、「エニアプロファイルには相手との信頼関係が必要不可欠」なのじゃぞ！

まずは相手の懐に入り込む、ビジネスの常識「ラポール」

こんなとき、あなたはどう感じるか想像してみてください。

・興味がないのに相手の話をガッツリ聞かされた。
・突然、いまとはまったく違う職種に配置転換すると通達された。

よほど特殊なケースを除いて心がざわざわしたと思います。

この「ざわざわ」を、心理学では「抵抗」と言います。

自分以外の人間から命令や誘導を受けると、たとえそれが倫理的、あるいは理論的に正しいものでも、「なんで？」「嫌だな」「やりたくないな」と瞬間的に心がざわざわします。なんでもかんでも他人の命令を聞いていたら自分が破滅してしまうので、それを避けるため、まず無意識が「抵抗」するようにできているからです。


ではどういったときに「抵抗」は起こるのでしょうか？

大きく分けて2つあります。

1. 望まないことを強要された場合
2. 変わることを強要された場合

セールスされる側から言えば、1は「ガンガン売り込まれる」ことであり、2は
セールスパーソンから「違うシステム（これまでと違うやり方）に変えないといけない」と言われることです。

先ほどのS君の例で、抵抗が起こるパターンを見てみましょう。

S君「はじめまして、X社長のご紹介で参りましたSと申します」
社長「どうも。Xさんの紹介だと会わないわけにはいかないからな」
S君「ありがとうございます。X社長には日頃から可愛がっていただいております。今日はそのX社長から『いい商品だ』とお墨付きをいただいたプランのご紹介に参りました」
社長「保険だろ？　うち、もう入ってるしな」
S君「はい、もちろんみなさんすでにご加入になっていらっしゃると思います。しかし、お乗り換えいただくに十分魅力的な商品ですのでご紹介だけでもさせてください」
社長「けどそれ、保険なんだろ？」
S君「大枠で言えば保険です。しかし、新しいメリットをたくさん備えた次世代型の商品で、いままでの保険とはまったく違うのです」
社長「よし分かった。保険だったら絶対入らないからな。あとやることが増えたり変わったり、面倒なのもダメだ。それでもよければ手短に説明してくれ」
S君「ありがとうございます。ではご説明させていただきます。これからご紹介する保険は」
社長「だから！ 保険は入らないって言っただろ。もういいよ、ちょっとやること立て込んでいるから帰ってくれ」

いかがでしょうか？

見事に抵抗を生んでしまっていますが、案外こういうセールスをしている方は多いのではないでしょうか（過去の私はそうでした）。

冷静に文章で見ていただくと、社長がひと言目に発した「Xさんの紹介だと会わないわけにはいかないからな」は、「あなたとは会うのを望んだわけじゃなく、断れないから仕方なく会っただけ」と言っていることが分かります。

しかし、実際に面会に出かけて行くと、せっかくの機会だから「商品紹介をしたい」「あわよくば契約を欲しい」と自分本位に考えてしまいがちです。

望んでいないのに会っている社長の心の中には、抵抗の芽がすでにあります。そこに頭から「売り込みますよ」と言われて抵抗が増さないわけはありません。「売り込まれる」のを望んでいる人間など（リサーチ目的とかの特殊なケース以外では）皆無だからです。

しかも、「乗り換えろ＝新しいシステムに変われ」とまで言ってしまった。こうなると社長の抵抗はますます硬化し、「なにがなんでも断ってやる」という強い意志になってしまいます。

ではどうすればいいか？

先ほど博士も言っている通り、「信頼」を得ることを一番に考えてください。臨床心理学の用語でいう「ラポール（rapport）」を築いてほしいのです。ラポールとは、フランス語では「橋をかける」という意味。一般的には「心地がよく、心が通い合っていると感じられる関係」を言いますが、エニアプロファイルではもう少し深いところ、「無意識レベルでの同調」を目指します。

仲のいいカップルの歩調がピッタリと合っているのを見たことはありませんか？そのレベルのラポールを目指して築いていってほしいのです。

やり方については多くの書物が数々の方法を紹介していますが、私が参考にしたN

自分の腕が伸びていって相手の両肩に触れるイメージをしながら行うと、さらに効果的じゃ。

LP（神経言語プログラミング）では、以下の4つを紹介しています。

1. ミラーリング……相手の動作や姿勢を鏡に映したようにマネをする
2. ページング……相手の話し方や呼吸にペースを合わせる
3. キャリブレーション……ノンバーバル情報から心理状態を把握する
4. バックトラッキング……言葉のオウム返し

以上、ご紹介した4つは、どれも「使える」ようになれば力を発揮するスキルです。しかし、はじめの3つに関しては修得が難しかったり、使っていることが相手にバレて逆に信頼をなくしたりする危険性もあります。

本書では誰もが簡単に使えて、しかも驚くほど効果がある「バックトラッキング」についてのみご紹介します。バックトラッキングがしっかりとできればラポールは築けますので、集中して取り組んでみてください。

●――バックトラッキングで、相手に気持ちよく話させろ！

バックトラッキングの目的は、相手にたくさん話してもらうこと。

それも、気持ちよくたくさん話してもらうこと。

相手は気持ちよくたくさん話した結果、その話をちゃんと聞いてくれたあなたに対して「信頼」を感じる、つまりラポールが築けるのです。

話を聞くだけでラポールって築けるの？　と思われるかもしれません。

はい、築けます。

これは断言します。私もSECRET6メンバーも何度も体験していますし、あなたも一度体験すれば、その力に驚くことになるはずです。

たとえば、街に出てカフェや居酒屋で話している人たちの会話に聞き耳を立ててみてください。

「ちょっと聞いてよ〜。昨日、彼と大ゲンカしちゃって〜」

「えっ〜、ウソ、マジ？　じゃあさ、元気つけるためにケーキ食べに行こうよ。この

この２つの会話は実録じゃ。本当に人は、自分のことしか話しとらんと、しみじみ思ったわい。

前、美味しいところ見つけたのね」

「ケーキ食べる気分じゃないって言うか、K美いるじゃん、あいつ、マジむかつくんだって」

・・・・・・

「先輩、今月のノルマいけそうですか？　おれ、ヤバいんです……」

「おれもなんとかしないと、車買っちゃってローンがドンとあるからな。あっ、そうだ、おまえテント持ってたよな、貸してくんない？　来週デートで使いたいんだ」

「全然いいですよ。貸しますから、先輩の彼女に合コンお願いしてください」

どうですか？

一見会話になっているようですが、キャッチボールにはなっていませんよね。

お互いが相手の話を軽く受け流して、自分の言いたいことを話しています。

本当にいまはこんな会話ばかりなのです。そんななか、ちゃんと自分の話を聞いてもらったらどうでしょう？

人は「分かってくれる人」を求めているのです。

どうなるかは、話さなくても分かりますよね？

では、バックトラッキングのやり方についてお話ししていきます。

いろいろなやり方が紹介されていますが、大別すると以下の3種類です。

◆バックトラッキング法1……一語一句同じ言葉で言い返す

相手の言った言葉と同じ言葉に「ですか？」、あるいは「ですね」をつけて返します。

たとえば、「昨日食べたラーメンが驚くほど辛かったんです」に対して、「辛かったんですか？」あるいは「辛かったんですね」で返すということです。

実際やってみると分かりますが、「ですか？」のほうが自然にバックトラッキングできます。

ただし、疑問系のため相手の無意識は「受け止められている」というより「質問されている」と受け取ってしまいます。少し難しいですが「ですね」でバックトラッキングするよう心がけましょう。

◆バックトラッキング法2……要約して言い返す

長い文章をバックトラッキングにするときに使います。

「昨日ラーメン食べたら驚くほど辛かったんですが、美味かったから調子に乗ってスープ全部飲んでしまったら、今日は朝からお腹が大変です」に対して、

「美味しいラーメンだったのに、辛くてお腹が大変になったんですね」

と話を要約して返します。

◆バックトラッキング法3……感情に焦点を当てて言い返す

話をしている人の表情や声の使い方から感情を読み取って返していきます。

たとえば、先ほどの話を非常につらそうに言ったとしたら、

「美味しいラーメンを召し上がったのは羨ましいですが、つらそうですね」

と返し、もし相手が美味しかったほうに感情が入っていたら、

「お腹が大変そうですが、そこまでさせるほど美味しいラーメンだったのですね」

と返すわけです。


これがバックトラッキングです。

それほど複雑ではないので、ご理解いただけたと思います。

●シンプルな会話術「エニアプロファイル式バックトラッキング法」

バックトラッキングのやり方を3つご紹介しましたが、実際、エニアプロファイルを実践するにあたっては、「2. 要約して言い返す」「3. 感情に焦点を当てて言い返す」は使い勝手が良くありません。

どう答えるかを考えないといけないため、エニアプロファイルに向ける観察力が殺《そ》がれてしまうからです。

エニアプロファイルをするためのバックトラッキング法は、シンプルで、しかも相手が続きを話したくなるようなものが理想。

「そんな魔法のようなやり方があるの?」と思ったあなた、はい、あります。それは、

- 名詞+助詞+?
- 名詞+助詞+!

これでバックトラッキングしてください。

たとえば、「昨日食べたラーメンが驚くほど辛かったんです」に対しては、

「ラーメンが？」でＯＫ。

「昨日ラーメン食べたらが驚くほど辛かったんですが、美味しかったから調子に乗ってスープ全部飲んでしまったら、今日は朝からお腹が大変です」に対しては、

「お腹が！」でＯＫ。


このエニアプロファイル式のバックトラッキングはシンプルですが強力です。

２４０ページのキャッチボールになっていない会話で試してみましょう。


「私、昨日彼と大ゲンカしちゃって～」

「大ゲンカを？」

「うん、先週デートが流れたのをまだグダってるからマジむかついて」

「先週の！」

「そうだって。いつのこと言ってんだよって感じじゃん。それでね～」

・・・・・

「先輩、今月のノルマいけそうですか？　おれ、ヤバいんです……」

「ノルマが？」

「そうなんです。先月は余裕あったのに今月は全然ダメで、昨日もそのことで部長に呼び出しくらって説教されて、ヘコみまくりです」

「説教を！」

「はい、部長の気持ちも分かりますが、説教じゃなくて売り方教えてほしいですよ。たとえば～」

会話にドライブがかかっておるのが分かるじゃろ。

どうですか？

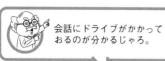

しっかりキャッチボールになっていますよね。

バックトラッキングを行うと、「しっかりあなたの話を聞いていますよ」と相手の無意識に届くので、相手は「この人は分かってくれている」と心を開いてどんどん自分から話をし始めるのです。

エニアプロファイル的にも、相手が心を開き話し続けてくれるので、プロファイルに必要な情報がたくさん手に入ってまさに一石二鳥。実際に体感してもらうと、びっくりするほど分かるので、ぜひやってみてください。

「やってみました、バックトラッキング」
「どうじゃった？」
「最初は難しかったです」
「相手の発言の中の核となる名詞を見つけて、そこに助詞をつけてオウム返しするだけの、どこが難かしいというのじゃ」
「バックトラッキング後に相手が無言になることがあるのです。その無言が怖くてつい余分なことを話してしまいました」
「結果はどうじゃった？」
「相手の話を継ぐのではなく自分の話をしてしまい、話の腰を折ることになってしまいました」

この小首をかしげるのがポイントじゃ！
やりにくいときは、小さく「ん？」と言ってもよいぞ。

「うむ、最初は誰しもそこでつまずくのじゃ」

「なんとか無言の圧迫から逃れられないかいろいろ試した結果、1つの方法にたどり着いたのですが、発表してよろしいでしょうか？」

「もちろんじゃ。聞かせてくれい」

「ありがとうございます。実際にやってみたいと思いますので、博士、今日の朝の出来事でなにか印象に残っていることを話していただけませんか？」

「今日の朝か……わしの利用している駅の改修がやっと終わっての。広くエキゾチックになったんじゃ。これぞ、エキゾチックに駅増築！」

「エキゾチックに？」

「いやいや、ここは笑ってもらわんと。思いついたとたんに大笑いした、わし渾身《こんしん》のダジャレなんじゃから」

「渾身の！」

「うむ、渾身のじゃ」

（しばし無言。助手はニコっと笑いながら、小首をかしげ続きを促す）

「そうかそうか、わしの渾身のダジャレをほかにも聞きたいのか。仕方がないの。では聞かせよう。エーゲ海のええ外科医！　ナットの締まりがなっとらん！　スリランカで打ったスリーランか！　そして……」

「博士、博士、もうけっこうです。それよりも私の方法いかがでしょうか？」

「はて、君の方法とはなんのことじゃ？」

「ですから、無言ができたときの……」

「おお、ノンバーバルに続きを促したあの行動か。うむ、見事じゃった！」

「ありがとうございます。実際にもかなり使える方法と思っております」

「バックトラッキングを使えるようになったのじゃから、いよいよエニアプロファイルをセールスで使う際の奥義とも言える【PPFヒアリング】を伝授しようかの」

「奥義を？」

「バックトラッキングはもういいわい！」

「現在→過去→未来」の順で相手の人生を丸洗いしてしまう「PPFヒアリング」

バックトラッキングを自在に使えるようになったあなたに、【ビジネスシーン実践編】の奥義「ＰＰＦヒアリング」をお伝えします。

といっても、セールスの世界では古くから基本として伝えられているので、新しいスキルではありません。相手の仕事内容ついて「現在（Present）→過去（Past）→未来（Future）」の順番に聞くことを、ＰＰＦヒアリングと名づけただけです。

しかし、このＰＰＦヒアリング、エニアプロファイルを行ううえにおいて絶大な威力を持っています。正確に使えるように練習を積んでください。


まず、あなたに質問します。

初対面で名刺を交換したばかりの方と何を話しますか？

相手の会社の事業内容や職種について聞きますよね。それから？

相手の話を聞くのは終わりにして、自分のことを話してしまっていませんか？


では、もう1つ質問です。

あなたが営業に行った、あるいは接客をしているとして、相手のなにが聞きたいですか？

ストレートに聞くなら、どんな情報があったらセールスに有利になりますか？

それは、相手が「いま一番解決したい問題」、あるいは「こうなったらいいなと望む未来像」ではないでしょうか（人を行動させる動機は「苦痛を避けるため」か「快楽を得るため」しかないのですから、答えは当然、この2つに絞られます）。

ところが、実際にセールスをしている方はよくご存じだと思いますが、人は「いま一番解決したい問題」「こうなったらいいなと望む未来像」については、なかなか話してくれません。

なぜなら、迂闊《うかつ》に話したら売り込まれますから。

誰だって売り込まれるのは嫌なのです。

だから、そこは上手に回避して、簡単には話してくれないのです。

ではどうすればいいか？

相手が話しやすい雰囲気を作り、相手の話にドライブがかかってきたときに、本当に聞きたい質問をしましょう。

まず相手の「いまの仕事」を聞く。それから「その前の仕事」を聞き、「前の前の仕事」を聞き、場合によっては「前の前の前の仕事」を聞く。

いまの世の中、自分の過去なんて誰も聞いてくれません。それをバックトラッキン

話の力点とは、その人が大切にしている価値観のことじゃ。
人間関係なのか、合理的なことか、はたまた楽しさか……
などと探っていくということじゃな。

グしながらしっかりと聞くのです。

話している人からすると承認欲求が尋常ではなく満たされるため、ほぼ100%の人が熱く語り始めます。私はそれを何度も体験しています。

順に過去をさかのぼりつつ話を聞いていき、相手の話し方にドライブ感を感じたら、「未来」のことを聞きます。相手がどんな未来を欲しているかが分かれば、自分の商品が入る隙間《すきま》はあるのか、あるとしたらどのような提案が必要なのかが分かってきます（未来像を伺ったあとに必要であれば「目下の悩み」を聞くことも悪くありません）。

エニアプロファイル的に言うならば、相手が過去の話をしているときはチャンス。声の高さや大きさ、話すスピード、身振りの大きさ、こちらの目を見て話すか、反応を気にしているか、理詰めで話すか感情的か、話の力点はどこにあるか……そういった様々な要素をしっかりと観察できるからです。

やってみるとお分かりいただけますが、エニアプロファイルしようと思うと、真剣に相手の話を聞かざるを得ません。相手の話を聞き流していたり、ほかのこと（得てして自分のこと）を考えていたりするとエニアプロファイルできないからです。

そうして真剣に聞いているとなにが起こるか？

相手への関心がどんどん高まってきます。

人は本当に様々な人生を歩んでいます。

すべての人がユニークですし、その話を聞いていると、自然に相手に興味が湧いてきます。そして、相手に興味や関心を持つと、より心から聞くことができ、それが正しいエニアプロファイルにつながっていくのです。

「PPFヒアリングのやり方についてはよく分かりました。ただ……」

「なんじゃ？」

「とても単純なスキルのように感じますが、これが効果的なのでしょうか？」

「もちろんじゃ。具体例で見るとその力が分かるぞい。227ページの事例を振り返りつつ、バックトラッキング、PPFヒアリング、そしてエニアプロファイルの使い方を詳しく解説していこうかの」

「よろしくお願いいたします」

【超実践！】相手の心の底が一瞬で分かる「エニアプロファイル会話術」

法人へ保険を販売しているS君が、お世話になっている方の紹介で、通販会社の社長をはじめて訪問した。応接ブースに通されたS君の前に現れたのはどちらかというと小柄な社長。しかし体格はよく、声が大きく、明るい感じがしたので、①初期エニアプロファイルとして「ファンラバー」と「スマイリー」と「ビッグボス」を疑って商談をスタートした。

S君「はじめまして、X社長のご紹介で参りましたSと申します」

社長「どうも。Xさんの紹介だと会わないわけにはいかないからな」

「解説じゃ！」

①第一印象でのエニアプロファイルじゃな。ビッグボスを疑ったのは、体格がよくて声が大きいからじゃろう。小柄というところが引っかかるが、初期エニアプロファイルとしては問題なかろう。スマイリーとファンラバーは、明るい感じからのエニアプロファイルじゃろう。この3タイプを疑いつつのスタートには合格点を与えられるの。

②③グイグイと自分を押してきておるの。これは見逃してはならんポイントじゃ。ビッグ

S君「お忙しいところお時間いただきありがとうございます」
社長「ちっとも忙しくないよ。なんなら忙しくなるように②仕事紹介してよ」
S君「お力になれるように心がけておきます」
社長「③本当に頼むよ」
S君「たとえば④どのようなご紹介をさせていただけばよろしいでしょうか？」
社長「芸能人でさ、グッズ作りたい人とか知らない？」
S君「⑤芸能人で？」
社長「毎日テレビ出てるような人がいいな」
S君「すぐには思いつきませんが、御社はそういった関係がお強いのですか？」
社長「うん、いまはそんな感じかな」
S君「いまは、とおっしゃると⑥以前は違ったのですか？」

ボスとファンラバーは自己主張が強い傾向にあるが、スマイリーはそうではないからの。もう1つ言えば、スマイリーは紹介を頼むより、自分から紹介を申し出るほうじゃ。これでスマイリーの可能性は一気に薄まったの。

④「現在求めておるもの」を聞いておる。PPFヒアリングの変化球じゃな。営業に行って、「御社はどんなお仕事をされているのですか」とは聞けぬからの。「それくらい調べてこい」となるに決まっておるからじゃ。研究を主とするわしが言うことではないが、営業に行くなら相手の業務内容を事前に調べるのは当然至極のことじゃろ。そのうえで、「ここ最近の状況」を聞くのが、PPFヒアリングとしては正攻法じゃな。

社長「全然違ったね」
S君「⑦違った？」
社長「通販会社でもなかったからな」
S君「⑧通販会社でも？」
社長「うん、店をやってたんだ」
S君「⑨お店を？」
社長「そう、クリエーター系の雑貨店。おれの周りに自分で作ってるやつらが多くてさ。やつらの商品を売ってたんだよ。⑩食えない仲間のためにって立ち上げたところがうまくトレンドに乗ってね。小さなショップだったおれの下に『その商品卸してください』って、北は網走から南は鹿児島までいろんなショップから問い合わせがきてさ。それで卸業を始めたってわけだ」
S君「⑪それで卸業を？」
社長「トントン拍子っていうのはあの時代のこと言う

---

⑤エニアプロファイル式のバックトラッキングを出しよった。ここから多用されるから、バリエーションを学ぶと良い。

⑥PPFヒアリングで「現在の前」を聞きに入ったの。違和感なく、流れるよう聞いておる。これなら自然に自分の歴史を語り始めるじゃろ。

⑦⑧⑨⑪⑬エニアプロファイル式バックトラッキング5連発！　少しずつ使い方を変化させ、うまく話を引き出したから大きなヒントが出てきたの。

⑩これを聞いてどう感じるかの？　親分気質とは思わぬか？

⑫この言葉にもヒントが満載じゃ。社長は「仲間と飲んだ」ことを楽しげに回想しておるじゃろ。パーティピープルの

んだろうな。⑫毎晩仲間で酒盛りしてたよ」
S君「⑬酒盛りを！」
社長「それまでみんな苦しかったからな。その分爆発したって感じだろうな」
S君「社長は⑭それまではなにをされていたんですか？」
社長「おれ？　それまで？　車のセールスマン」
S君「車のセールスマン！」
社長「⑮全然違うだろ（笑）結婚してガキができて⑯なんとか食わせなきゃいけないけど、手に職がなかったし、だからトラック転がすか、荷物運ぶかって考えてたところに、先輩から『おまえ弁が立つからセールスマンやれよ』って誘われて。5年くらいやってたよ」
S君「セールスマンを……」
社長「うん、そのとき一番贔屓にしてくれた客が趣味人っていうの？　不動産とか株とかいっぱい

ファンラバーも酒盛りは好きじゃが、ファンラバーは「仲間と飲む」ことではなく、「酒盛り」そのものを楽しむからの。ここでビッグボスの匂いが強くなったの。

⑭PPFヒアリングで「前の前」に遡ったの。遡る際の注意点じゃが、決して一気に昔に飛ばぬこと。順に昔に遡っていくから相手も想い出しつつ話していけるのじゃ。そして想い出が募ってくるから、話にドライブがかかってくる。このドライブ感がPPFヒアリングの醍醐味じゃ。

⑮うむ、この発言でまたエニアプロファイルが難しくなったわい。1つの仕事が長く続かず職を転々とすることからは、「熱しやすく冷めやすい」ファンラバーが強く香るからの。

持ってて、それで十分生きていけるから、本人は趣味で雑貨を作っててさ」
S君「趣味で?」
社長「⑰気にくわないだろ(笑)」
S君「いえ、とても羨ましいです」
社長「おれは気にくわなかったな。さして乗りもしないのに新車が出るたびに車を替えてさ。こっちは毎日頭下げてやっとオマンマ食えるっていうのに、やっこさんは毎日ネジをいじくってるだけで優雅な生活ができるんだぜ。同じ人間でどうしてもこうも違うのかって⑱腹も立ったな」
S君「ネジを?」
社長「そう、ネジアートって分かる?」
S君「あっ、分かります。ボルトやナット使って動物や怪獣を作るのですよね」
社長「それそれ、それをやってたんだよ」

---

⑯かたや、結婚して家族のために働こうとする気質からはビッグボスが濃く匂う。この時点でファンラバーとビッグボス、どちらも半々の可能性に戻ってしまったわい。

⑰再びビッグボスが強くなった。笑ってはおるが、攻撃的に相手を見る自動反応や、このとき社長の身体から出ていた圧力はビッグボスのものだからじゃ。ファンラバーは、いつも楽しくいたいから、直接自分が不利益にならないことで怒りを出したりしないしの。

⑱感情が逆なでされたときの表現方法は、エニアプロファイルの大きな手がかりになるぞい。エネルギーが腹のあたりにあるビッグボスは「腹が立つ」、胸のあたりにあるスマイリーとクールは「胸クソ悪い(あるいは胸が悪い)」、頭にあるシンカーとファンラバーは

S君「⑲ネジアートをやられてたんですね」
社長「ところが何回か通ううちに、やっこさん生まれついての病気で普通には働けないって分かってさ。そんなときに『この子たち、売れないですかね』ってネジアートを差し出されたんだ。自分は自分の力でお金を稼いだことがない。だからネジアートを売ってお金を稼いでみたい。けれどやり方が分からない。あなたなら教えてもらえると思ってって、⑳頭を畳にすりつけてお願いされてさ。おれグッときちゃってよ。㉑任せとけ、売ってやるって（笑）」
S君「畳に！」
社長「そうなんだ。で、店出したってわけ」
S君「そうなんですね。その方、社長のお気持ちに感激されたでしょうね」
社長「さぁどうかな、おれも稼がせてもらったわけだ

「頭にくる」と言うことが多いからじゃ。これでエニアプロファイルは、80％ビッグボスとなったわい。

⑲エニアプロファイル式バックトラッキングの変化系じゃ。この場合のように指示代名詞を受けるときには、それが示すものに置き換えたほうが効果的なこともあるぞい。慣れてきたら、自分なりに改良して使ってみるのも良い考えじゃ。試してみて相手がよりたくさん話してくれれば、そのやり方が正解じゃよ。

⑳ビッグボスで決定じゃ！ 親分気質を持つ者以外はこのシーンを想い浮かべんじゃろ。

しな。いや、懐かしいな……あ、ごめんごめん。[22]なんかおればっかりしゃべっちゃったな。今日は営業に来たんだろ？」
S君「営業より社長のお話を伺っているほうが[23]勉強になります」
社長「お世辞はいいから早く営業しろよ」
S君「では1つ質問させてください。社長の夢や目標ってなんですか？」
社長「店だな。もう一度、店がやりたい。いまはなんでもネットで買えちゃうし、おれなんかそれで食わせてもらってるけど、それって、わざわざ行きたいと思う店がないからでもあるんだよね。じゃあおれが作ってやろうってさ。来たくなるし、来れば仲間になりたくなる店。[24]そんな店がやりたいな」
S君「素晴らしいですね。お話を伺っているだけで社

㉑自分を頼ってくる「弱き者」を後先考えずに助ける心意気。それを心地よさそうに語る態度。ビッグボスならではの行動と気持ちの動きじゃ。むろん、この社長が本当にビッグボスかは分からぬ。しかし、心理誘導を仕掛けることを前提とした場合、エニアプロファイル的には十分な確証が集まったとして問題はないじゃろう。

㉒出たの。これが、PPFヒヤアリングがハマったときの台詞じゃ！

㉓エニアプロファイルが確定したとたんの禁断の心理話術。よい判断じゃ。こうして言葉を投げてみて、反応をうかがうのはいい手じゃぞ。反応が芳しくなければ、もう一度エニアプロファイルをやり直せばいいだけじゃからな。

長のお店に行きたくなりました。私もぜひ応援させていただきたいのですが、そのお店を開店されるために、社長が㉕いま一番お困りのことってなんでしょうか？　これからのために㉖勉強させてください！」

「解説を聞いて、すべてがつながりました」

「なにも難しいことをしておるわけでないのじゃ」

「はい、型がよく分かる事例でした」

「目で読むだけでなく。言葉に出してみるのも練習として有効じゃぞ」

「有効という言葉が出ましたので、1つ質問をさせてください。なぜ【PPFヒアリング】は恋愛のシーンでは有効ではないのでしょう？」

「逆に助手君に質問じゃが、たとえば居酒屋で隣合ってたまたま仲良くなった人に、

㉔㉕PPFヒアリングのゴールである「未来」の話を聞くことができたの。その後に「現状の解決したいこと」も聞いており、うむ、あっぱれじゃ。自分の商品をどう提案していくかが明確になったんじゃなかろうか。

㉖最後に、禁断の心理話術もプラスして、文句なしじゃよ！

プライベートな過去のことをあれこれ聞かれたらどう思う？」

「なにか良からぬことをされるのではないかと身構えます」

「それが女子じゃったらなおさらじゃろう」

「たしかにその通りです。会ってはじめてのタイミングで、過去のことや未来像を聞くのは重すぎますし悪い印象を与えてしまいます」

「じゃから【PPFヒアリング】は使えんのじゃ」

「では、どのようにしたらいいのでしょうか？」

「コールドリーディングの【アンビバレンス】を使うのが効果的じゃ」

「ぜひ教えてください！」

「押恵ちゃんを失った君が知りたい気持ちは分からんでもないが、ページ数という制約があっての」

「それでは教えていただけないということですか！」

「いやいや、それではあまりに君が可哀想すぎるじゃろう。ダウンロード資料としてまとめておいた。この本の巻末ページにダウンロード方法が載っておるぞい」

「ありがとうございます。さっそく拝見します」

「未婚だと見込んだのに……とならんよう気をつけるのじゃぞ（大笑）」

「なんてこと言うのですか！　いくら博士でも暴言すぎます」

「暴言は君じゃ！　わしの渾身のダジャレが分からんのか！」

「申し訳ありませんでした」

「うむ、別れ話は、分かればなしじゃ」

（２人ハイタッチ）

以上、この章ではエニアプロファイルを実際に使う際に必要なスキルと、その使い方のすべてをお伝えしました。

次章では、エニアプロファイルするうえで、これだけは決して忘れてはならない注意点をお話ししていきます。

第5章

なぜ、エニアプロファイルが禁断のスキルなのか？

劇薬すぎるからこそ、使い方には注意せよ！

●人は裏切られたときのエネルギーのほうが強い

18歳の春、私は大学合格と同時に上京しました。

死にたいくらいに憧れた花の都での生活が、さぁこれから始まるかと思うとうれしくてうれしくて、新宿や渋谷や原宿を時間がある限りぶらぶら散策していました。

そんなある日。

たしか水曜日の夕方だったと記憶しています。

新宿の南口を出て西新宿1丁目の交差点に向かって坂を下ろうとしていた私に、斜め左後ろから声がかかりました。振り返るとスーツを着た若い爽《さわ》やかな男性が立っていて、こう話しかけてきました。

「すみません、アンケートにご協力いただいているのですが、いまちょっとだけお時間いいですか?」

なんせ、夢にまで見た東京生活に舞い上がっている小僧で、新しい刺激にはいつだって飢えている気質の持ち主の私です。瞬息で「大丈夫です」と答えました。

「お兄さん、明るくて話しやすいですね。きっとモテるんでしょうね。デートなんか頻繁なんじゃないですか？　羨ましいなぁ。ということは、いつもそれなりの金額を持ち歩いたりしてますよね？

　たとえば今日はどれくらい持ってるんですか？　うん、うん、なるほど。ところで洋画と邦画だったらどっちが好きですか？　うん、へぇ、気が合うなぁ、僕も洋画派です！　どんな系が好きなんですか？　うん、はい、やっぱり！　お兄さんみたいに知的な人はきっとそのあたりだと思ってました。最近はどんなの観たんですか？　うん、うん、うん、ストップ！　それ、メッチャ面白そうじゃないですか！　次の休みに観に行く楽しみ取らないでください(笑)。

　よかったぁ。いえ、お兄さんみたいなセンスのある方を探していたんです。というのもこれ、なんだか分かります？　特別な方にだけ映画会社が発行している優待カードなんですよ。どんな映画でもなんと500円で観れちゃうんです。お得じゃないですか？

　けど発行枚数が限られてて、出せば出すほど赤字ですから、本当少数しかないんで、お兄さんみたいな映画を分かってる人に買ってほしかったんですよ。残り5冊しかないんで、全部買っちゃいません？」

……典型的なアンケート詐欺です。

私はそれにコロリと騙されました。しかも手持ち金額を把握されていたから、そのとき持っていたお金を目いっぱい持っていかれました。

もちろんそのカード、辺鄙《へんぴ》な場所の劇場でしか使えなかったり、朝一限定とか最終のみとか上演時間に制限があったり、とにかく使えない。そんなゴミみたいなカードに大枚叩いた私は、東京の最初の1カ月を実家から持ってきた米だけで過ごすことになりました……。

さて。

私はこの話で、あなたになにを伝えたいか、分かりますか?

●破壊力があるからこそテクニックだけに頼らない

私の気持ちを考えてください。

あれから35年経っているのに、忘れないどころか細部まで鮮明に覚えていて、こうして本に書いたりしているんです。控え目に言って怒り心頭です。

いまならよく分かりますが、詐欺師は心理スキルを巧妙に会話の中に織り交ぜて、私に心理誘導をかけている。心理誘導が巧みだから、そのときの私は気持ちよく答えていたし、優待カードを購入したときはうれしかったし、詐欺師に少し感謝までしてしまい、どれだけのアホだ、底なしのお人好しか、と。自分で自分が許せなくて、そこからずっと35年を経ても、ブルーなわけです。

分かりますよね？

騙されたこと自体より、いとも簡単に騙されて感謝までした自分に腹が立ち、情けなく、許せないこの気持ち。この怒りを晴らすために向かう先は詐欺師しかありません。怨嗟《えんさ》です。憤怒です。私の心の底を刺激して私を騙したこと、墓場まで恨み続けます。なんなら生まれ変わっても恨みます。

エニアプロファイルもまったく同じ。

心の底を心地よく刺激された相手はあなたを信頼します。その信頼は、詐欺師に対する私なんか比べ物にならないほど深く、強いでしょう（意識には上っていないかもしれませんが)。

それほど深く強く信頼してくれた相手を裏切ったらどうなります？ 裏切りといっても、どうしようもない商品を高額で売るとか、その気もないのに貢《みつ》がせるとか、犯罪レベルの話をしているわけではありません。具体的に言えば、「あなたがスキルを使って心理誘導していると相手に伝わってしまったら」、どうなるでしょう？

もちろん、あなたへの信頼はコンマ1秒で消えてしまいます。

そして、あなたの悪口を言うでしょう。場合によっては裁判なんていうことになるかもしれません。怨嗟です。憤怒です。心の底を刺激して自分を騙したあなたのことを墓場まで恨み続けるでしょう。なんなら生まれ変わっても恨むでしょう。

決して忘れないでください。

エニアプロファイルには破壊力があるのです。

強いパンチを打てるボクサーに拳を痛める危険性があるのと同様に、破壊力があるエニアプロファイルは人間関係を根本からつぶしてしまう危うさも合わせ持っているのです。

ビジネスでは、廃業の危機を迎えるかもしれません。

恋愛では、詐欺師呼ばわりされるかもしれません。

集団で使ったら、犯罪と見なされる可能性もあるでしょう。


気をつければ、バレない？


人間を舐《な》めないでください。

人は必ず察知します。

人だって動物。相手がなにを考えて行動しているかを感じ取る能力があります。

あなただって、勘がさわいだり、なんとなく嫌な感じがして行動をやめたりしたことがありますよね？　操ろうとしての行動は、見透かされます。そして必ずシッペ返しを喰らいます。


では、どうすればいいかって？

あなたは、どうしたらいいと思いますか？

「いまのお話を伺って、エニアプルファイルを使うのが怖くなりました」

「エニアプロファイルは諸刃《もろは》の剣なのじゃよ」

「肝に銘じます」

「とはいえ【あること】にさえ気をつけておれば、問題はないぞい」

「それはなんでしょうか？」

「君は、なんだと思うかの？」

「……使わなければ、危険は避けられますが」

「むろん、そんな答えではない」

「ですよね……ヒント、いただけませんか？」

「仕方ないのう。特別じゃぞ。君が、押恵ちゃんに対してエニアプロファイルを使ったとき、君はどんな気持ちじゃった？　エニアプロファイルというスキルを使って誘導してやろうと考えておったか？」

「いえ、まったくそのようなことは考えていませんでした。ただ、なんとか力になりたいと思っていただけです」

「うむ。それでどんな行動をしたのじゃ？」

「彼女の抱えている問題をすべて聞きました」

「それはかなりプライベートな問題ではないのかの？」

「はい、はじめてほかの人に話すと言っていました」

「そんな大切な話を、どうして君に話す気になったのじゃ？」

「なるほど、分かってきました！　博士が前に言われた言葉ですね。エニアプロファイルは相手との信頼があってはじめて役に立つスキル。つまり、押恵さんは私を信頼してくれたからすべてを話してくれたのですね」

「よく気づいたの。その通りじゃ！　つまり君は、まず信頼を得るための行動を取ったから、正しくエニアプロファイルを使えたというわけじゃ」

「信頼を得るための行動、ですか？」

「やれやれ。自分では気がついておらぬようじゃから、解説するとするか」

「はい、よろしくお願いいたします」

●――エニアプロファイルが本当の力を発揮するとき

答えから書きます。

相手に興味を持ってください。

相手に関心を注いでください。

相手に会ったその瞬間からです。

エニアプロファイルをしている最中ずっとです。


エニアプロファイルをするためには観察が必要不可欠なのは、ここまで読み進めていただいたあなたにはお分かりだと思います。

観察するとは、詳しく見極めて種々の事情を知ること。正しく見ること。

そのためには目の前の相手に集中し、興味を持ち、関心を注ぐしかありません。


あなたがいまどこでこの文章を読んでいるか分かりませんが、一番最近会った人のことを思い出してください。

その人は今日、どんな靴（室内なら靴下）を履《は》いていましたか？

いいえ、普通なら注目しない、そんなマニアックな場所でなくてもいいのです。

その人がビジネスパーソンなら、どんな色のネクタイをしていましたか？

ビジネスパーソン以外なら何色のどんな上着を身に着けていましたか？


安心してください。ほとんどの人は思い出せません。

人は誰でも、関心があるのは「自分のことだけ」なのです。

相手のことなんて見ているようで見ていない。相手の話なんて聞いてるようで聞いていない。自分に関係があったり、関心があるところだけを（無意識が）ピックアップして取り入れているにすぎないのです。

私たちは、意識しないと相手に興味や関心を持つことができません。

だから、エニアプロファイルをするときには相手に興味を持つこと、関心を注ぐことを強烈に意識してください。

「へぇ、こんな感じで笑うんだ」「笑うとき左の口角だけ上がってる」「特徴的な語尾の上げ方だなぁ」「本当に表情変わらないなぁ」「指に力が入った、緊張しているのかも」……意識して興味関心を向けると、たくさんの情報を得ることができます。

その情報すべてがエニアプロファイルの基礎データになることは、改めて言うまでもありません。

相手に興味関心を持って接する恩恵は、エニアプロファイルの基礎データが集まるだけではありません。と言いますか、それより断然大きなことがあります。

238ページでも触れたように、相手があなたにラポールを感じてくれるのです。あなたから関心を注いでもらっていることを、相手の無意識がキャッチして「目の前の人は味方だ」という信号を出してくれるからです。

いいですか？　何度もくどくど言いますが、「無意識」が相手ですからね。心からの興味関心でなく、そういうフリだけだと、相手は見抜きますからね。見抜いて「目の前のやつは油断がならない、早く追い払え！」と信号を送ってきますからね。

相手を1人の人間として尊重する気持ちを持ち、興味を持って観察し、発する言葉に関心を注ぎ、そして同調することによってしか、ラポールは築かれません。

さもなくば、相手の無意識はあなたをブロックし、あなたになにも与えてくれないこと、ゆめゆめお忘れなきよう。

特に８が大切じゃ！　怠ると人間関係は根本から破壊され、悪しき未来をもたらすぞい。その意味でもエニアプロファイルは「悪魔のスキル」なのじゃ。

さて、私からあなたにお伝えすべきことは以上で全部です。
エニアプロファイルの流れに沿って、注意点を簡単にまとめてみます。

1. 会った瞬間から相手に興味を持ち、関心を注ぐ。
2. 相手から伝わってくる印象で初期エニアプロファイルをする。
3. 興味関心を強めながら、ＰＰＦヒアリングを行う。
4. バックトラッキングをしてラポールを築く。
5. 集まったすべての情報を元に最終エニアプロファイルをする。
6. ラポールを切らないよう気をつけつつ禁断の心理話術。
7. どんな結果になっても心からお礼を言う。
8. エニアプロファイルによって築いた信頼を大切にする。

エニアプロファイルは、たしかに悪魔レベルの威力を持つ心理誘導スキルです。
しかし、心のないエニアプロファイルは、シンクロ率が低いＥＶＡと同じ。基本的に作用しないし、たとえ動いたとしても持てる力のほんのわずかしか発揮することができません。だから、相手のへの興味と関心は、くどいですが、絶対に忘れないでください。

約束してください。決してタネ明かししないことを！

最後に1つ、私と約束してください。

あなたがエニアプロファイルしたタイプは、なにがあっても相手に言わないこと。

あなたがエニアプロファイルを使って効果を出したあと、「効きましたよね。実は、いまあなたをエニアプロファイルしたのです。その結果～」などと、手の内を明かす低能な解説を相手に披露する方はまずいないと思いますが、トリックを明かすのが大好きなマジシャンもいるので、あえて念を押して言います。

あなたがエニアプロファイルしたタイプは、なにがあっても相手に言わないこと。

私の参加するエニアグラムのワークショップは、「相手のタイプを決めつけてはいけません。また、タイプとしてではなく、相手の存在そのものを尊重する関わり方をしましょう」という言葉から始まります。相手のタイプを決めつけるのは、相手の可能性を狭くするだけでなく、相手を観察する自分の可能性も殺してしまうからです。

今回私は、一番の禁を破り、他人のタイプを探り、それを使って心理誘導していくエニアプロファイルを公にしました。そのエニアプロファイルは、破壊力があるがゆえに人間関係を根本から破壊する危険性を合わせ持つ、諸刃の剣のスキルです。

だからこそ、最後にあなたにこれだけは伝えておきたいと思います。

エニアプロファイルは相手のタイプを特定するためのものではありません。

相手のことを理解するためのツールとしてあなたが使うものです。

あなたがあなたの中だけで使うものです。

決してそれを口外しないよう、ここで私と約束をしてください。

さて、これで本当の本当におしまいです。
ここまでおつき合いいただきありがとうございました。
エニアプロファイルがあなたのお役に立ち、
あなたが幸せになることを、
そして、エニアプロファイルされたあなたのお相手もまた、
あなたと同じくらいに幸せになることを心より願っております。

◆「私とともに修業の旅に出ましょう！」

「博士、長時間にわたる講義ありがとうございました」

「どうじゃった？」

「素晴らしかったです！　知見として面白かっただけでなく、実際に、押恵さんと華形さんに幸せを届けることができましたし、お世辞ではなく、エニアプロファイルは本当に素晴らしいスキルだと感じております」

「君には少々つらい結果となってしまったがの」

「いえ、これでよかったのだと思います。私、今回の押恵さんのことで少し自信がつきました。また、長年諍《いさか》い合っていた父とも話をすることができました。感謝しております」

「その後、父上とはどうなんじゃ」

「良好とまでは言えませんが、固く凍りついていたものが溶けてきているのは感じます。私の中でも、父の中でも」

「まさに素晴らしいエニアプロファイルの使い方をしてくれたわけじゃのう」

「エニアプロファイルを知らなければ、押恵さんも華形さんも父も、そして私も、苦しい時間を歩んでいたと思います。博士には感謝しかありません」

「身内とはいえ、喜んでもらえる研究ができたこと、学者としてこの上なくうれしく思う。その身を実験台として研究に関わってくれて、ありがとう」

「とんでもありません。こちらこそありがとうございます。私、さらに真剣にエニアプロファイルを学びマスターしようと決意を固めております。これからもご指導、よろしくお願いいたします」

「いや、ここから先は学ぶことより使うことが重要じゃ」

「使うことですか？」

「うむ、エニアプロファイルのスキルを磨くには、量稽古が一番じゃからの」

「使うよう心がけます。その際に気をつけることはありますか？」

「慢心せぬことじゃ。自分が相手のことを理解できたなどと決して思ってはならぬ」

「はい」

「人は複雑な生き物なのじゃ。複雑じゃから面白いのじゃ。エニアプロファイルはそのたった一面を探るにすぎん。常に相手に興味を持ち、関心を注ぐこと。それさえ心に取り組めば、たとえエニアプロファイルが外れたとしても相手との関係は伸びゆくじゃろう。失敗を恐れずどんどん使っていきなさい」

「ありがとうございます。せっかく教えていただいたスキルです。積極的に使っていきます」

「【君】もじゃよ！」

「博士？　誰に向かって話しているのですか？」

「感じぬか？　いま我々を見つめているねっとりとした視線を」

「またメタ発言ですね。しかし私も感じます。上のほうから視線を」

「その視線の送り主に言っておる。読んで終わりではもったいない。ぜひ実際使ってくだされ」

「ぜひ！　私とともに修業の旅に出ましょう！」

「助手君に負けぬようにの」

「私だって負けませんよ」

「助手君は、どのようにエニアプロファイルを使うつもりなんじゃ」

「恋愛で使ってみようと思います」

「うむ、やってみたまえ。実験じゃからわしもその場に立ち合うぞい」

「えっ……」

「研究のために使ってみるんじゃろ？」

「いえ、個人的ということでお願いできればと」

「ほほう、ほほーう、そーゆーことか。しからば個人的にやればよい。その代わりなんの助言もできぬからよろしくの」

「……かしこまりました」

「ナンパもよいが、研究に支障が出ぬようにな」

「いえ、私は、ナンパというのはやりません。街コンのようなものに参加しようと考えております」

「なんだ、君、ナンパはせぬのか」

「はい、好きではありません」

「何パーセント？」

「はい？」

「何パーセント、ナンパせんの？」

「博士、最後がダジャレですか……」

「【君】の実践報告を待っておるぞい！」

おわりに

私がエニアプロファイルを修得する前のことです。

私の会社に、会議中はまったく発言をしないのに、終わって数時間してから「社長、さっき議題に上がっていた件ですが……」と意見を言ってくるスタッフがいました。それが毎回のように続くので、「あのさ、意見は会議のときに言いなよ。そのための時間なんだから」と、きつく叱ったことがあったのです。

そうしたら、そのスタッフは、以降まったく意見を言わなくなりました。

それを私は、私に対する反抗とみなし「なんでもいいから意見を言え」と追い込みをかけたのです。すると、そのスタッフはさらに態度を硬化させ、会議の場ではなくても口を開かなくなり、私たちの間の空気はドンドン悪くなっていって、ついに辞表を出されてしまいました……。

その頃の私は、「気質」に違いがあることを知らなかったのです。

私は会議ではドンドン意見を言うタイプです。だから「会議で話さないのはただの怠慢」と思い込み、そのスタッフを叱責し、私の会社を愛してくれていたのに、辞めざるを得ないところまで追い込んでしまったのです。

あのとき、私がエニアプロファイルを知っていれば、そのスタッフを失わずに済んだのに……。エニアプロファイルを知り、使い、自分も相手も幸せにすることができるようになったいまだから余計に、思い出すたびに胸が痛みます。

この反省や悔しさを忘れることは、一生ありません。


さて、この本を読み終わったあなたは、どうしますか?

「なるほど、面白い」で終わりますか?

それとも一歩を踏み出して、実際に使ってみますか?

もちろん、決めるのはあなたです。

しかし、エニアプロファイルを使っていき、修得できれば、あなたのこれからの人生が大きく変わることは、私が約束させていただきます。


恋愛で使いたいとお望みの場合は、助手君が283ページで話しております、読者限定無料プレゼントをダウンロードして読んでください(巻末ページ参照)。
◆「ヤバいくらいに相手を落とす! ㊙恋愛エニアプロファイル」(PDFファイル)

私はこの本1冊で、エニアプロファイルを使うことができるようにまとめました。しかしここに書いたのは、ほんの入口にすぎません。エニアプロファイルに興味を持たれたなら、ぜひ私のサイトにアクセスをしてみてください。セミナーなどの日程をはじめ、サイトでしか入手できない情報を発信しております。

◆岸正龍公式サイト「心理誘導研究所」 http://kishiseiryu.com
◆博士と助手が活躍する「博士と助手の心理ラボ」 https://www.psycholabo.org

そしていつかお目にかかった機会には、どんな成果が出たのか、あるいはどんな失敗をしてしまったのか（失敗もまた重要な経験です）、ぜひ教えてください。
あなたの実践報告を、私も、待っています！

平成七度目の閏年のランドセルの日に

岸 正龍

〈参考文献〉

『エニアグラム 自分のことが分かる本』（ティム・マクリーン／高岡よし子著、マガジンハウス）
『エニアグラム――あなたを知る9つのタイプ 基礎編（海外シリーズ）』（ドン・リチャード・リソ／ラス・ハドソン著、ティム・マクリーン／高岡よし子訳、角川書店）
『究極の性格分析エニアグラムで分かる「本当の自分」と「人づき合いの極意」9つの性格タイプ』（ティム・マクリーン／高岡よし子監修、マガジンハウス編集、マガジンハウス）
『エニアグラム――職場で生かす「9つの性格」』（ヘレン・パルマー著、鈴木秀子訳、河出書房新社）
『9つの性格 エニアグラムで見つかる「本当の自分」と最良の人間関係』鈴木秀子著、PHP研究所）
『最強の性格診断 3×3の法則』（中嶋 真澄著、メタモル出版）
『9タイプ・コーチング――部下は9つの人格に分けられる』（安村明史著、PHP研究所）
『自分の「性格説明書」9つのタイプ』（安村明史著、講談社＋α新書）
『一瞬で信じこませる話術コールドリーディング』（石井裕之著、フォレスト出版）
『コミュニケーションのための催眠誘導「何となく」が行動を左右する』（石井裕之著、光文社）
『患者はなぜあなたの話を聞かないのか？ メディカル・ダイアローグ入門』（尾谷幸治／大野純一著、医歯薬出版）
『人の心を操る技術――マインドリーディングと話し方で交渉もコミュニケーションも上手くいく』（桜井直也著、彩図社）
『チンパンジーの政治学――猿の権力と性』（フランス・ドゥ ヴァール著、西田利貞訳、産経新聞出版）
『亜玖夢博士のマインドサイエンス入門』（橘玲著、文春文庫）

〈参考WEB〉

エニアグラム研究所 http://www.enneagram-japan.com
日本エニアグラム学会 http://www.enneagram.ne.jp
リバースエニアグラム http://commu-labo.info
「4層構造による性格論」黒木カウンセリング・ルーム http://www.kokoroki.jp

〈著者プロフィール〉

岸 正龍（きし・せいりゅう）

一般社団法人日本マインドリーディング協会理事／グランドマスターマインドリーダー、行動心理士、アイウェアブランド「モンキーフリップ」代表／デザイナー。

1963年1月12日名古屋生まれ。東海高校を卒業し、上智大学経済学部入学。3年時に多摩美術大学芸術学部入学。大学時代は芝居に明け暮れ、卒業を前に浅井企画に所属。お笑い芸人を目差すも挫折しコピーライターに。徒弟制の企画室で365日24時間勤務の修業を積み、デザイナーに転職。竹下通りを席巻したタレントショップ数店のグッズ企画とデザインを担当。折からのバブルもあってこの世の春を謳歌するも、すぐにバースト。お金にいき詰まり、人間関係も悪化して、実家のある名古屋に逃げ帰る。

1996年「モンキーフリップ」をオープン。開店当初はメガネ雑貨の小さなお店だったモンキーフリップを、ほかに類を見ないデザインと心理誘導を駆使したマーケティングで、地方発のブランドながら全国に熱いファンを持つアイウェアブランドへ成長させる。その活躍は、テレビや雑誌など多数のメディアで取り上げられている。

また、「人間心理をビジネスコミュニケーションに活かす」講演やセミナーを、小学校から大学、商工会から海外まで多数実施。毎回分かりやすく役に立つと好評を博す。

しかし過去は暗く、小学校低学年はひたすらイジメられる日々だった。そのイジメが苛烈を極めたため、「他人を操れればこんなイジメにあうことはない。意のままに操れたらどんなにいいだろう」と強く想い、心理学、NLP、エリクソン催眠、コールドリーディングやメンタリズム、オカルトや魔術の類いまで貪欲に探求。特にエニアグラムは、アメリカの第一人者であるドン・リチャード・リソ氏（2012年他界）、ラス・ハドソン氏の流れを汲むC+F研究所にて2005年より10年にわたり本格的に学ぶ。さらにそれだけではなく、自らの身体を使って実験を繰り返し、破壊力抜群の対人コミュニケーションスキルとして「エニアプロファイル」を生み出す。エニアグラムをビジネスに取り入れた「ゼニアグラム」も提唱し、地元名古屋で成功者を生み出している。

著書に『超人気キラーブランドの始まりは、路地裏の小さなお店から…』（フォレスト出版）がある。

2002年 ワクワク系マーケティング実践会社長のアカデミー賞グランプリ受賞
2010年 アイウェア・オブ・ザ・イヤー2011　メンズ部門受賞
2013年 グッドデザイン賞受賞

◆オフィシャルサイト（心理誘導研究所）http://kishiseiryu.com/

◆博士と助手の心理ラボ　https://www.psycholabo.org/
（博士と助手のLINEスタンプ発売中）

◆フェイスブック　https://m.facebook.com/enneaprofile/

〈カバーデザイン〉川島進デザイン室
〈イラスト〉MiyaZoe
〈DTP・図版作成〉白石知美（株式会社システムタンク）

相手を完全に信じ込ませる禁断の心理話術
エニアプロファイル

2016年4月18日　初版発行

著　者　岸　正龍
発行者　太田　宏
発行所　フォレスト出版株式会社
〒162-0824 東京都新宿区揚場町2－18　白宝ビル5F
電話　03-5229-5750（営業）
03-5229-5757（編集）
URL　http://www.forestpub.co.jp

印刷・製本　萩原印刷株式会社

ISBN978-4-89451-708-0　Printed in Japan